谨以此书献给伟大的祖国伟大的党伟大的人民军队

邹健东华东解放战争影像实录

邹　毅 主编

中国摄影出版传媒有限责任公司
China Photographic Publishing & Media Co., Ltd.
中国摄影出版社

图书在版编目（C I P）数据

为新中国而战：邹健东华东解放战争影像实录 / 邹毅主编. -- 北京：中国摄影出版传媒有限责任公司，2023.11

ISBN 978-7-5179-1333-7

Ⅰ.①为… Ⅱ.①邹… Ⅲ.①第三次国内革命战争—史料—摄影集 Ⅳ.① K266.06-64

中国国家版本馆 CIP 数据核字 (2023) 第 216583 号

为新中国而战——邹健东华东解放战争影像实录

主　　编：邹　毅
出 品 人：高　扬
策划编辑：高　扬
责任编辑：盛　夏
特邀编辑：邹紫金
装帧设计：胡佳南
出　　版：中国摄影出版传媒有限责任公司（中国摄影出版社）
　　　　　地址：北京市东城区东四十二条 48 号　邮编：100007
　　　　　发行部：010-65136125　65280977
　　　　　网址：www.cpph.com
　　　　　邮箱：distribution@cpph.com
印　　刷：北京科信印刷有限公司
开　　本：12
印　　张：38.5
版　　次：2024 年 3 月第 1 版
印　　次：2024 年 3 月第 1 次印刷
ISBN　978-7-5179-1333-7
定　　价：398.00 元

邹健东华东解放战争影像实录

目 录

序

陈昊苏。

邹健东同志是我们军队中的资深摄影记者，也是一位摄影艺术家。他一生追求光明与进步，为中国人民的解放事业做出了光荣的贡献。他 15 岁时，在家乡广东梅县松口镇的一家照相馆当学徒，开始接触照相行业。1938 年加入新四军，在皖南新四军军部战地服务团从事文化宣传工作，参加军部摄影室活动。但那时新四军军部摄影器材匮乏，他并没有属于自己的相机。1941 年，“皖南事变”爆发，军部摄影室辛苦拍摄的所有照片资料都毁于战火。他在事变爆发前撤退到苏北盐城，被分配到中共中央华中局宣传部。新四军新军部曾经策划恢复摄影室，但因经费紧缺，未能实行。

1946 年 1 月，新四军军部北进至山东临沂，邹健东被调到军部所属的山东画报社担任摄影记者，实现了他多年的向往——拿着手中的相机，全身心地投入对军队和老百姓的摄影报道工作。那时候，解放战争的大幕刚刚拉开，山东成为全国瞩目的战场之一。邹健东用镜头聚焦新四军和华东野战军的浴血征程，随着人民革命战争胜利的巨轮滚滚前进，从山东驰骋到华东与中原战场的各个角落，以英雄部队勇敢无畏的指战员和热情支援子弟兵的解放区父老乡亲为表现对象，拍摄出一系列反映战争生活的精彩画面。

现在，读者朋友们看到的这部《为新中国而战——邹健东华东解放战争影像实录》，就是他这一时期摄影作品的汇集。不夸张地说，它像一座延伸千里万里的图片画廊，真实而生动地反映了华东解放战争走向胜利的过程；它像一座光照千年万年的艺术丰碑，为华东军民翻身解放的经历留下了永恒的纪念。

在邹健东同志漫长的摄影生涯中，这部拍摄于解放战争时期的作品集只是他摄影艺术美丽长卷的精彩开篇。战争年代，我们军队的物质条件十分匮乏，能够提供给摄影记者的胶卷极少。邹健东回忆说，当时他们不能放手拍摄，是因为还有很多后续的场面等着他们拍。在这样的条件下，摄影记者敏锐的眼光和抓拍的本领显得格外重要。他靠着对摄影事业的执着追求，将生活与摄影创作的要求紧密联系起来，“经常在大脑中按动快门”，从而练就了过硬的摄影本领。新中国成立后，他先后在南京、北京、广州等地从事摄影工作。在创作条件有了改善的情况下，他拍摄了大量反映社会主义时代社会进步的摄影作品。我们这些新四军和华东野战军战士的后代都为他感到骄傲，他的摄影艺术画卷在精彩开篇之后又显现出艺术水平更高、文献价值更重要、历史意义更强的后续篇章。邹健东没有辜负新四军老首长叶挺、项英、刘少奇、陈毅、粟裕、张云逸、邓子恢等人对他的期望，他代表新四军和华东野战军的老战士攀登上了红色摄影艺术的雄伟高峰！

我在四十多年前就认识了邹健东同志。在我父母逝世之后，为了举办纪念活动，我联系了老一辈摄影艺术家，开始对邹健东的经历及作品有了了解。我很感谢他多年来为发扬我军传统做的大量工作。最近，他的儿子邹毅将这些摄影作品编辑成册，让我有机会看到了书稿，再次深刻地感受到邹健东同志当年从事战地摄影工作对军队发展做出的宝贵贡献。这些作品具有极高的文献价值、历史价值和社会价值，特别值得我们珍爱。

战地摄影作品为我们提供了跨越历史变迁时代的社会生活的真实场景。我们这些七八十岁的人曾经在那个时代里生活过，接触过那些真实的场面。但随着时光流逝，城市、乡村的风貌以及活跃其间的各种人物形象都发生了巨变，留在我们脑海中的印象已渐渐远去。看到这些摄影作品，那些记忆中的场景又得到部分还原，让我们感到无比的亲切和兴奋。唐代诗人孟浩然有诗作：“人事有代谢，往来成古今。江山留胜迹，我辈复登临。”古时候，社会发展进程很慢，几十年的时间，江山胜迹不会有很大的改变，所以诗人强调因“人事代谢”导致的古今变迁。而在我们生活的时代，社会生活的变革速度不断加快，经过几十年的时间，人们通过对历史图片的观察，会产生极为强烈的沧桑对比感，这就是摄影作品社会意义的表现，是古人无法体会到的。借助这些历史图片展示的场景，我们会对前人坚守初心、英勇奋斗的精神产生敬意，并激发我们在中国共产党的领导下继续奋斗、走向更加光明的未来的信心。邹健东同志及老一辈摄影工作者的历史性贡献将永远被党和人民铭记，我们献上由衷的敬意和感激之情！

邹健东同志离开我们已经 19 年了，中国的社会生活还在进步，祖国的山川风物呈现出新的面貌。如果邹健东同志还能看到这些变迁并用摄影技术呈现出来，那该有多好啊！我们衷心希望邹健东同志奋斗、创新的精神在新一代中发扬光大！让我们继续前进，为新中国而战！

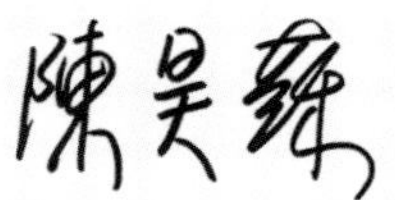

前言

历史的踪迹

华东地区，自古以来就是我国政治、经济、文化的发达之区，兵家必争之地。在抗日战争和解放战争中，华东地区是主要战场之一。

1937 年 7 月 7 日，卢沟桥的炮火标志着全民族抗日战争的爆发。由于国民党战略指导上的错误，大片国土迅速沦陷。日军铁蹄所至，烧杀、奸淫，无所不为。当此国家民族危亡之际，南方 8 省（湘、赣、闽、粤、鄂、豫、浙、皖）坚持游击战争的红军部队在由国内战争转变到抗日战争的危急关头，遵循中国共产党提出的抗日救亡的方针，纷纷下山。根据国共两党谈判达成的协议，于 1937 年 10 月 12 日将其改编为国民革命军陆军新编第四军。叶挺为军长，项英为副军长，张云逸为参谋长，周子昆为副参谋长，袁国平为政治部主任，邓子恢为副主任。为加强党的领导，党中央决定成立中共中央东南分局和中央军委新四军分会。项英为分局和军分会书记，陈毅为军分会副书记。新四军下辖 4 个支队：第一支队，陈毅任司令员，傅秋涛任副司令员；第二支队，张鼎丞任司令员，粟裕任副司令员；第三支队，张云逸兼任司令员，谭震林任副司令员；第四支队，高敬亭任司令员。全军共 10300 余人。新四军挺进大江南北的广大敌占区，依靠各阶层人民群众的支援，团结一切抗日力量，在“敌伪顽”的夹击中进行了艰苦卓绝、英勇机智的斗争，开创了华中敌后抗日根据地。

1941—1942 年是抗日根据地最困难、最艰苦的时期，国民党军队大批降日。1941 年 1 月 6 日，国民党顽固派发动了围攻新四军军部和皖南部队的“皖南事变”，制造了千古奇冤，掀起了第二次反共高潮。中国共产党以“坚持抗战、反对投降，坚持团结、反对分裂，坚持进步、反对倒退”的总方针，以强大的政治攻势揭穿国民党的反共投降阴谋，以坚决的军事自卫巩固了抗日民主根据地。1 月 20 日，中央军委发布重建新四军军部的命令，任命陈毅为代理军长，刘少奇为政治委员，张云逸为副军长，赖传珠为参谋长，邓子恢为政治部主任，并将陇海路以南的八路军、新四军共计 9 万多人，统一整编为 7 个师和 1 个独立旅，继续坚持华中地区的抗战。5 月，成立以刘少奇为书记的中共中央华中局和华中军分会。新四军

1945 年 8 月，攻打临沂城的炮兵向敌军目标开炮。

浴血奋战，粉碎了日军无数次的“扫荡”“清乡”“蚕食”，也击败了国民党顽固派、投降派的“摩擦”和“夹攻”，为打败日本帝国主义、争取中华民族的解放做出了伟大的贡献。

1945年8月，抗日战争胜利。蒋介石向延安连发3封电报，邀请毛泽东到重庆共商“国际国内各种重要问题”。中共中央政治局讨论当前形势后，决定派毛泽东、周恩来、王若飞为代表前往重庆谈判；同时命令所指挥的武装力量积极向日军进攻，收复失地。10月10日，国共双方签订了《政府与中共代表会谈纪要》（《双十协定》）。然而，华东曾经是国民党统治的中心地区，必然成为国民党大举进攻的地区之一。解放区军民站在自卫的立场上，坚决予以反击，使进攻的国民党军接连遭到失败。1946年1月5日，国民党被迫同共产党达成关于停止军事冲突的协议。遵照党中央的指示，解放区开展了以土地改革和生产为中心的群众运动。翻身农民喜庆土地还家，生产积极性空前高涨。1946年6月26日，蒋介石悍然撕毁停战协定，向中原解放区大举进攻。中原野战军坚决自卫还击，从此开始了伟大的中国人民解放战争。

国民党首先把矛头指向中原解放区，继而集中正规军55万人，向华东地区发动进攻。其中，进攻苏中解放区的兵力约12万人。华中野战军在粟裕、谭震林同志的领导下奋起迎击，七战七捷，歼敌6个旅，创造了以运动战各个歼敌的范例。

1946年年底至1947年年初，山东野战军和华中野战军先后发起宿北战役和鲁南战役，首歼国民党整编第六十九师于宿迁以北地区，再歼向临沂进犯的国民党整编第二十六师、整编第五十一师及第一快速纵队。新四军由分散作战到集中作战，由打小仗到打大仗，由野战到城市攻坚，全面提高了部队的战斗力，用缴获的大量美式重型装备组建了特种兵纵队。

1947年1月21日，根据中共中央军委决定，新四军兼山东军区和华中军区合并为华东军区，山东野战军和华中野战军合编为华东野战军。华东军区以陈毅为司令员，饶漱石为政治委员，张云逸为副司令员，黎玉为副政治委员，陈士榘为参谋长，舒同为政治部主任。华东野战军以陈毅为司令员兼政治委员，粟裕为副司令员，谭震林为副政治委员，陈士榘为参谋长，唐亮为政治部主任。华东野战军下辖11个步兵纵队，1个特种兵纵队。至此，新四军完成了其光荣的历史使命。

鲁南战役后，国民党调集23个整编师共53个旅，企图南北对进逼迫华东野战军在山东腹地与之决战。华东野战军洞察敌情，毅然决定放弃临沂，派少数兵力在南线佯攻，摆出决战和西渡黄河的姿态，再以7个纵队昼夜兼程迅速秘密集结于新泰、莱芜两侧，突然从四面八方包围国民党北线集团 3 个军。经过 3 个昼夜的激战，莱芜战役首创解放军一举歼敌 7 个旅约 6 万人的光辉战绩。

从 1946 年 7 月到 1947 年 2 月，国民党方面战斗减员约 71 万人，可用于一线作战的兵力由 1946 年 6 月的 117 个旅下降至 85 个旅。国民党被迫于 1947 年 3 月放弃全面进攻，改为重点进攻，把矛头指向山东解放区和陕甘宁解放区。国民党集中了 3 个兵团、2 个绥靖区 60 个旅约 45 万人，向山东解放区发动了重点进攻。4 月上旬，华东野战军首先发起泰蒙战役，一举攻克泰安，歼灭国民党整编第七十二师。接着，又将国民党军队五大主力之一且最为骄横的整编第七十四师歼灭于孟良崮。这是粉碎国民党重点进攻的关键一仗。

1947 年夏秋之际，刘伯承和邓小平领导的晋冀鲁豫野战军、陈毅和粟裕领导的华东野战军及陈（赓）谢（富治）兵团遵照中共中央军委的统一部署，适时地转入外线作战。刘邓大军跃进大别山，陈（赓）谢（富治）兵团挺进豫西。1947 年 6 月 30 日，由华东野战军组成西线兵团（亦称“外线兵团”或“陈粟大军”）从鲁中向鲁西南出击，策应强渡黄河的刘邓大军进行战略反攻。9 月，华东野战军发动沙土集战役，全歼国民党整编第五十七师。华东野战军东线兵团（亦称“内线兵团”）则牵着国民党军的“牛鼻子”在胶东半岛来回周旋，国民党的重点进攻被瓦解了。1947 年 12 月 15 日，许昌城解放，整个战争格局在悄然地发生转变。

1948 年，解放战争已经达到了一个转折点。1948 年 3 月 8 日，华东野战军发起洛阳战役。3 月 14 日洛阳解放，使中原解放区和黄河以北的老解放区连成一片。6 月 17 日，华东野战军在中原野战军的配合下，发起豫东战役。22 日攻克河南省会开封。6 月 27 日至 7 月 6 日连续作战 10 天，以一部分兵力阻击国民党整编第五军于开封东南地区，集中兵力于睢县、杞县地区，歼灭国民党第七兵团主力。此役共歼灭国民党军 9 万余人，为解放军进一步发展中原、华东战局，歼灭国民党军主力于长江以北创造了条件。9 月 26 日，国民党 10 万重兵把守的济南宣告解放。

辽沈战役胜利结束后，南线国民党军摆在以徐州为中心，以津浦、陇海铁路为骨干的“十字架”上。中共中央依据全国战局的发展，以及华东、中原地区的敌我势态，决定发起淮海战役，就地歼灭国民党的战略集团。从 1948 年 11 月 6 日开始，华东野战军和中原野战军经过浴血苦战，首先歼灭了向徐州撤退的黄百韬兵团；再战宿县以南的双堆集，歼灭了前来救援的黄维兵团；放弃徐州向西南逃窜的 30 万国民党军，被解放军包围在河南永城、安徽萧县之间的陈官庄地区，经华东野战军的军事打击和政治攻势，杜聿明集团终于全军覆没。1949 年 1 月

10日，淮海战役结束，历时66天。国民党南线重兵集团丧失殆尽，长江以北的华东、中原地区获得解放。国民党反动统治的政治、经济要地南京、上海和武汉等地，处于解放军的直接威慑之下。

淮海大战的硝烟刚刚散去，解放军百万雄师就云集于长江北岸。国民党利用和平谈判企图阻止解放军渡江南进。“打过长江去，解放全中国！”这是亿万人民的共同呼声，这是不可逆转的历史潮流。1949年4月20日夜晚，国民党反动政府拒绝在国内和平协议上签字，毛泽东主席、朱德总司令发布了《向全国进军的命令》，解放军百万雄师立即在东起江阴、西至九江湖口的千里战线上发起渡江战役，一举突破国民党军的长江防线。23日，南京解放，解放军进入南京城，登上“总统府”，国民党延续22年的反动统治垮台了。华东军民为中华人民共和国的建立做出了伟大的贡献。

本部摄影集中的珍贵画面集中展现了解放战争时期中原和华东地区迅速发展的战局，真实地反映了华东军民在解放战争中的不朽业绩和战斗生活。它既是革命战争的历史文献，又是爱国主义和革命英雄主义的生动教材。

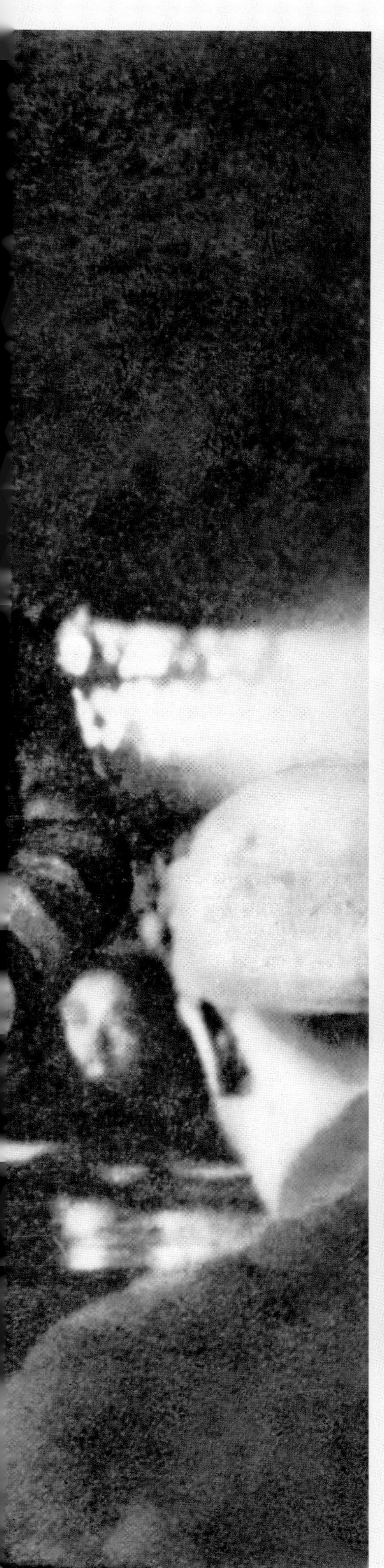

1941 年 11 月 24 日，中共中央华中局书记、新四军政治委员刘少奇同志在华中局党校为学员作《中国革命的战略与策略问题》的报告。

日本投降以后，山东八路军主力全部北调东北，新四军江南部队撤到江北，军部率部分主力进入山东。1945 年 12 月 3 日，中央军委决定新四军与山东军区合并。1946 年 1 月 7 日，中共中央正式命令新四军兼山东军区，华东形成两个军区：山东军区和华中军区；两个野战军：山东野战军和华中野战军。图为 1945 年 10 月，最先北渡长江到达苏中的新四军部队涉水行军。

1949年4月22日，在扬中南岸，有数不清的船只一批批地将解放军送过夹江，登陆丹阳去追歼溃逃的国民党军。

《人民解放军占领南京》。这是一个历史性的镜头：1949 年 4 月 23 日，人民解放军占领南京，国民党政权垮台。解放军战士在总统府门楼上放声高歌的场景，预示着一个民主、自由、繁荣的新中国即将建立。摄于 1949 年 5 月初。

为新中国而
战

一　为新中国而战

二　从大山里走出的战地摄影记者

三　峥嵘岁月的历史记忆——邹健东之集

四　壮丽的画卷　永恒的瞬间

附录　邹健东历史文物图片

（一）解放区的天是明朗的天

向前，向前，兵民是胜利之本

抗击日本侵略者 拿起枪杆保家乡

中国的抗日战争是全民族的战争，民兵也是全民族抗战中的一支重要力量。抗日战争时期，中国共产党积极发动群众，建立起农救会、青抗先、农民自卫团等抗日武装，配合主力部队、地方武装狠狠打击日本侵略军。山东民兵运用灵活的地雷战、地道战、游击战配合八路军、新四军作战，巧妙地和日本侵略者展开生死搏斗，使日军防不胜防。民兵在抗日战争和解放战争中发挥了巨大的作用，成为夺取抗战胜利、人民翻身解放的重要保证。

山东省临沂县的民兵在战斗中埋地雷、打游击，配合八路军、新四军打击日本侵略军。摄于1945年。

地雷战在抗日战争中发挥了巨大的作用。图为山东胶东地区子弟兵高营长和娇同志给临沂民兵模范大会的代表讲解埋地雷的各种方法和注意事项。摄于1945年。

抗日战争时期，临沂地区的民兵在进行枪械训练。摄于1945年。

抗日战争时期，山东临沂地区的人民扛起枪。摄于1945年。

抗日战争时期，山东临沂民兵过河行军。摄于 1945 年。

抗日战争时期，胜利归来的临沂民兵。摄于1945年。

抗日战争时期，山东胶东子弟兵进行制式训练。摄于1945年。

战斗间隙，根据地识字班的姑娘们为新四军战士洗衣裳。摄于 1944 年。

抗日根据地的妇女为新四军战士织羊毛袜子。摄于1944年。

山东临沂老区土地改革

抗日战争胜利后，全国人民希望建设一个和平、独立、自由、民主、团结、富强的新中国。但是，国民党蒋介石倒行逆施，又把人民推向内战的水深火热之中。

中国共产党爱人民，不畏强暴，再度领导人民英勇斗争，闹翻身，求解放。

在旧社会，老百姓深受“三座大山”的压迫，他们热切盼望翻身解放。中国共产党和党领导的人民军队在解放区进行土地改革，帮助贫苦农民实现了这一愿望。

几千年来，封建剥削的土地所有制像枷锁一样，紧紧桎梏在农民的身上，使他们头不能抬，腰不能伸。农民勤劳耕耘的劳动果实就这样被那些不劳动的“寄生虫”——地主阶级吞食了，农民的生活越过越苦。日本投降以后，农民迫切地要求得到土地，中国共产党及时地做出决定，改变土地政策，由减租减息改为没收地主阶级的土地分配给农民。1946 年 5 月，中共中央发出《关于土地问题的指示》，决定在各解放区实行土地改革，将没收地主的土地分给贫苦农民。在中共中央和华东局的领导下，山东解放区开展了轰轰烈烈的土地改革运动，三分之二以上的村庄基本上解决了土地问题。广大农民获得了土地，生产积极性空前高涨，为打败国民党反动派，夺取解放战争的胜利提供了坚实的群众基础。

1947 年 9 月，中国共产党召开了全国土地会议，制定了《中国土地法大纲》，在废除封建性和半封建性剥削的土地制度、实行耕者有其田的土地制度的原则下，按乡村全部人口平均分配土地。毛泽东在《目前形势和我们的任务》中说：“如果我们能够普遍地彻底地解决土地问题，我们就获得了足以战胜一切敌人的最基本的条件。”

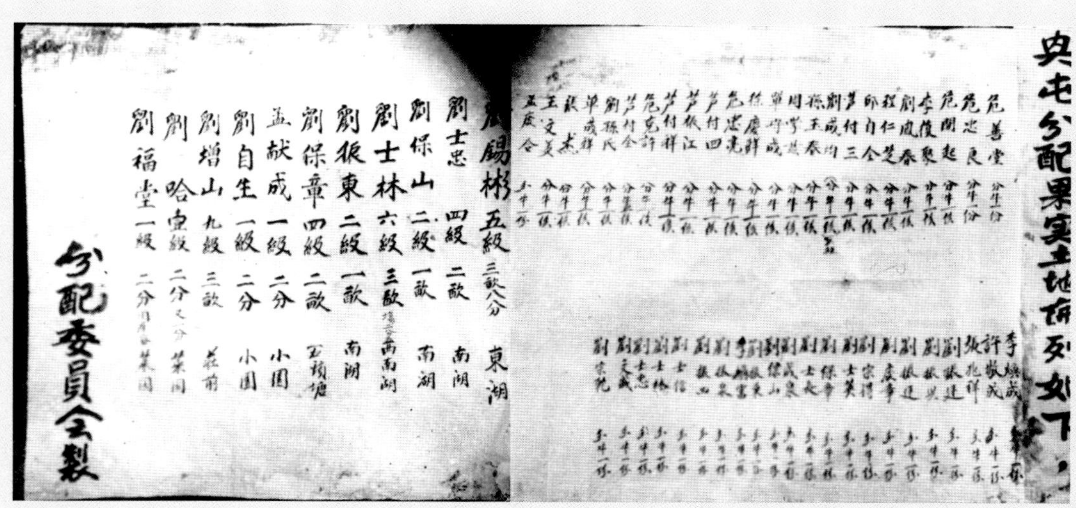

劉士忠 四級 二畝 南湖
劉保山 二級 一畝 南湖
劉士林 六級 三畝 南南湖
劉張東 二級 一畝 南湖
劉保章 四級 二畝
孟献成 一級 二分 小園
劉自生 一級 二分 小園
劉增山 九級 三畝 莊前
劉 哈 二分 菜園
劉福堂 一級 二分 菜園
分配委員會製

山东省临沂县朱陈区大兴屯农会分配土地清单。摄于 1946 年 5—11 月。

山东省临沂县朱陈区的盖克复，1946年土地改革前是一个缺吃缺穿的贫苦农民，土地改革后分到3亩地和房子，并且被推选为村长。摄于1946年5—11月。

山东临沂县朱陈区后柳庄农民在斗争地主大会上倾吐苦水。摄于1946年5—11月。

上图：一根丈量土地的绳子喜连农民的心。山东省临沂县朱陈区大兴屯的农民会、贫困团在丈量地主的土地，分配给贫苦无地的农户。摄于 1946 年 5—11 月。

对页图：中国共产党和人民政府领导农民进行土地改革，使农民从封建剥削的土地制度中解脱出来，开始有了自己的土地。图为农民在诉说丧失土地的细账。摄于 1946 年 5—11 月。

上图：土地改革，天翻地覆。摄于 1946 年 5—11 月。

对页图：山东省临沂县大兴屯的农民组织在给贫苦农民分地主的土地，结算田亩。摄于 1946 年 5—11 月。

土地回家变成了现实。山东省临沂县朱陈区翻身农民羌玉春把田亩牌插到分得的土地上。摄于1946年5—11月。

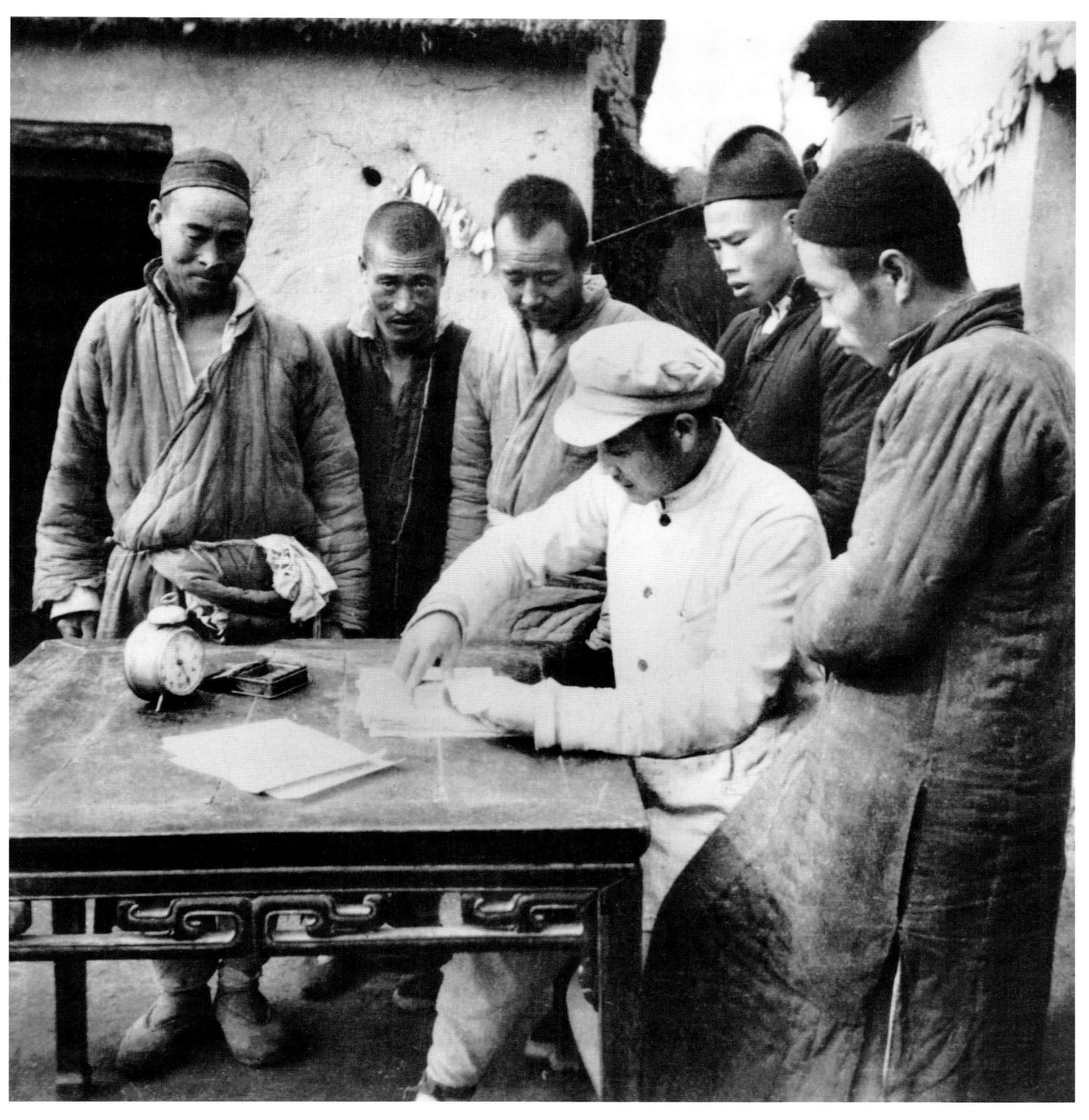

人民政府是翻身农民的靠山，临沂县朱陈区区长在农民的新田契上盖上红印。摄于 1946 年 5—11 月。

山东省临沂县朱陈区政府工作人员向农民发土地证。摄于 1946 年 5—11 月。

山东省临沂县朱陈区大兴屯的贫苦农民领到了土地证，从心里感激共产党。摄于 1946 年 5—11 月。

在山东临沂，一张新田契给一个翻身农民的家庭带来了从没有过的欢喜。摄于 1946 年 5—11 月。

山东临沂农民在土地改革后个个脸上充满喜悦。摄于 1946 年 5—11 月。

翻身胜利，土地回家。1946 年 10 月 25 日，山东临沂大兴屯的农民们书写标语，准备庆祝几千年来农民的第一次大翻身。

1946年10月25日，临沂县朱陈区农民搭台唱戏庆祝翻身解放。

山东临沂的农民有了自己的土地，生产热情高涨。摄于 1946 年 5—11 月。

在山东临沂，农民耕地用上大牲畜，种地打粮心欢喜。摄于1946年5—11月。

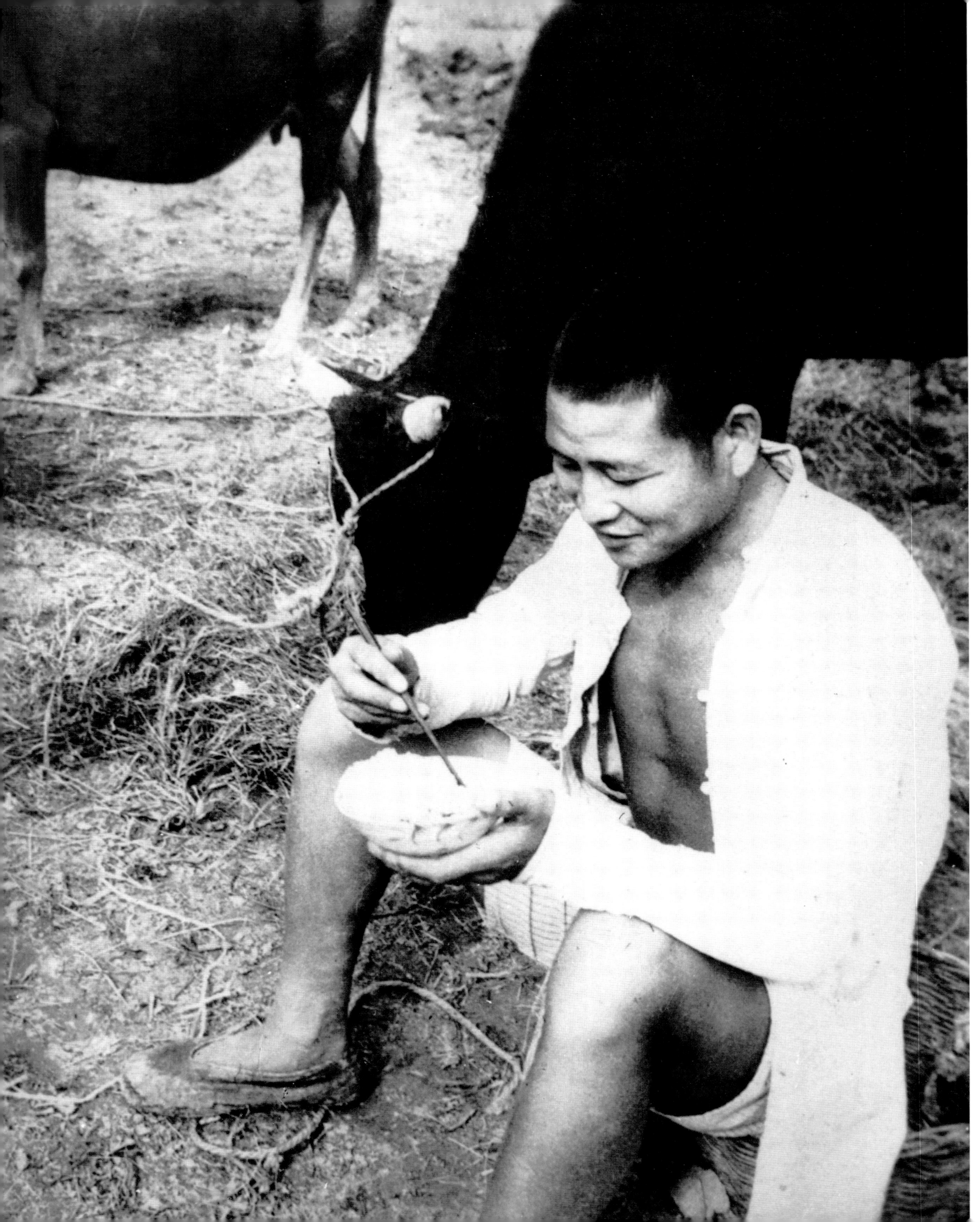

上图：山东解放区，农民夏收夏种真忙碌。摄于 1946 年 5—11 月。

对页图：山东临沂互助组的农民在田间吃午饭。摄于 1946 年 5—11 月。

上图：山东临沂土地改革后，农村集市繁荣起来，姑娘、大嫂们在集市上选购花布。摄于1946年5—11月。

对页图：山东临沂土地改革后，老大娘带着小孩在高兴地做新衣。摄于1946年5—11月。

山东临沂土地改革后，牛马牲口集市陡然兴旺起来。摄于 1946 年 5—11 月。

农民有了土地，山东临沂的大牲畜集市空前繁荣。摄于 1946 年 5—11 月。

忙生产也要学文化，临沂开办回民女子识字班，姑娘们积极参加。摄于 1946 年 5—11 月。

山东临沂解放区的妇女在识字班上课。摄于 1946 年 5—11 月。

山东临沂解放区的妇女开始识字，学文化，向往美好新生活。摄于 1946 年 5—11 月。

解放区的妇女个个都是生产能手。图为妇女在打场。摄于1946年5—11月。

军爱民来民拥军 踊跃参加解放军

土地改革让农民翻身 保卫成果靠武装斗争

耕者有其田，这是世世代代中国农民的热望。以1946年中共中央“五四指示”为起始的土地改革运动，猛烈冲击着几千年来的封建土地制度。特别是在1亿多人口的解放区，基本消灭了封建土地制度，改变了农村旧有的生产关系。这一翻天覆地的变化，使亿万农民在经济上获得了解放，并由此迸发出难以估量的革命热情。

1946年6月，蒋介石悍然撕毁停战协议，向解放区发动全面进攻，全面内战由此爆发，国内形势随即发生了重大变化。在这紧要关头，中共中央和中央军委向全党、全军发出《以自卫战争粉碎蒋介石的进攻》等一系列指示，提出我们不但必须打败蒋介石，而且能够打败蒋介石。解放区翻身做主的农民兄弟为保卫土地改革成果踊跃参军参战，为中国共产党夺取全国胜利提供了源源不断的人力、物力支持。

国民党军进犯山东解放区，为保卫土地改革的成果，青年踊跃参军。图为临沂的乡亲们向参军青年敬酒。摄于1946年11月。

1946年11月2日，临沂某地230余名青年参加新四军。

临沂解放区举行欢迎农村青年参军大会。摄于 1946 年 11 月。

在山东临沂，父亲送子去当新四军，前线立功保卫家乡。摄于1946年11月。

在山东临沂，青年踊跃参军，抵御国民党军的进犯，保卫土地改革的胜利果实。摄于 1946 年 11 月。

山东临沂识字班的姑娘给村里参加新四军上前线的小伙子戴上大红花。摄于 1946 年 11 月。

山东临沂的有志青年到山东野战军主力部队中去。摄于 1946 年 11 月。

滨海前线慰问团满载慰劳品来到山东野战军慰问部队。图为慰问团代表合影。摄于 1946 年。

滨海慰问团代表之一徐千卿先生写信给新四军领导，转致对前线指战员的慰问。摄于1946年。

1946年5月，为准备粉碎国民党发动全面内战的计划，保卫解放区，山东野战军加强军事训练，提高了野战和攻坚能力，为夺取解放战争的胜利打下了坚实的基础。

（二）迎击国民党军队的全面进攻

国民党快速纵队　犯鲁南快速灭亡

鲁南战役（1947年1月2—20日）

1947年新年伊始，山东野战军和华中野战军在山东省鲁南地区对国民党军发动了进攻战役，亦称“峄枣战役”。在这之前，国民党徐州绥靖公署集中25个半旅的重兵，于1946年12月中旬自苏北东台、淮阴、宿迁和山东的峄县、枣庄，向苏北、鲁南地区发动猖狂进攻。山东野战军和华中野战军紧密配合，首先发起宿北战役，全歼国民党整编第六十九师共2.1万余人。然后，遵照中央军委关于宿北作战后应集中兵力歼灭进犯鲁南的国民党军，并相继收复峄县、枣庄的指示，新四军军长、山东野战军司令员兼政治委员陈毅和华中野战军司令员粟裕率两野战军主力从苏北迅速移师鲁南，向国民党整编第二十六师和第一快速纵队发起进攻。从1月2日开始，经过3天的激烈战斗，将国民党第二十六师师部和四十四旅全部歼灭，第一六九旅也大部被歼。在山东野战军和华中野战军的强大攻势下，国民党第一快速纵队吓得掉头西窜。当时连日雨雪，遍地泥泞，国民党军的坦克、汽车、大炮等美械装备行动困难，除7辆坦克逃入峄县外，国民党第一快速纵队被歼灭。1月9—20日，山东野战军和华中野战军乘胜扩大战果，连克峄县、枣庄，全歼国民党整编第二十六师残部和整编第五十一师。鲁南战役胜利结束，山东野战军和华中野战军共歼敌5.3万余人，活捉二十六师师长马励武和五十一师师长周毓英，缴获坦克24辆，榴弹炮、野炮、山炮及其他火炮217门，汽车474辆。华东野战军以缴获的这批装备为主，组建了特种兵纵队。战役期间，山东解放区组织支前民工60余万人、大小车辆1500余辆、担架6000余副，有力地保障了部队作战。

鲁南战役结束后，山东野战军和华中野战军进行统一整编，撤销山东军区、山东野战军和华中军区、华中野战军，组成华东军区和华东野战军。至此，新四军完成了其光荣的历史使命。

1947年1月，山东野战军南下部队在蒙阴山区行军，开赴战场。

1947年1月，为粉碎国民党军的猖狂进攻，鲁南战役打响前，山东野战军在战前进行动员、宣誓，全体共产党员保证带头当模范、做标兵。

1947 年 1 月，鲁南战役期间，山东野战军南下部队在蒙阴山区行军。

1947 年 1 月 4 日，鲁南战役期间，经过 3 天的激烈战斗，国民党第一快速纵队及第二十六师被快速歼灭。

1947年1月4日，在鲁南战役中，国民党第一快速纵队被歼灭时的战场一角。

92238

1947年1月4日，在鲁南战役中，被解放军猛烈炮火击中的国民党军数百辆卡车熊熊燃烧，浓烟腾空。

1947 年 1 月 2—4 日，在鲁南战役中，解放军迅速、干脆、彻底地歼灭了国民党第二十六师和第一快速纵队。崭新的榴弹炮还没来得及脱卸炮衣便被解放军缴获，快速纵队覆灭速度之快可想而知。

1947 年 1 月 4 日，在鲁南战役中，国民党军第一快速纵队之炮五团被歼灭，牵引大炮的汽车成为解放军的战利品。

1947 年 1 月 4 日，在鲁南战役中，被俘虏的国民党第一快速纵队官兵坐在车旁等候处置。

1947 年 1 月，在鲁南战役中，农民组成担架队，将受伤的解放军战士抬下火线。

1947 年 1 月 11 日拂晓，解放军攻克峄县，被俘虏的国民党军官兵列队走出峄县城门。城门上“戡平内乱”的大字标语，是战前国民党煽动其官兵去卖命作战的“精神支柱”。而战后的国民党军官兵成了城下之囚这一幕，就像一幅讽刺漫画，成为国民党发动内战的真实写照。

1947 年 1 月 11 日，在鲁南战役中，峄县某座房屋的墙上写着国民党“一个领袖”的标语，但被缴获的坦克表明这里不再属于所谓“一个领袖”，而属于人民了。

58748

第 82—83 页图：1947 年 1 月 11 日，在鲁南战役中，解放军将战利品从峄县运出来。

第 84—85 页图：1947 年 1 月 11 日，在鲁南战役中，国民党军的坦克在解放军战士的手榴弹、手雷和炸药包面前趴了窝。图为解放军战士登上缴获的坦克。

上图：1947 年 1 月 20 日，在鲁南战役中，美国的大驴子和背上驮着的美式山炮都成了解放军的战利品。

对页图：1947 年 1 月 20 日，国民党军第二十六师中将师长马励武在峄县被俘。

上图：1947 年 1 月，在鲁南战役中，解放军执行优待俘虏政策，为战地俘虏士兵治伤。

对页图：1947 年 1 月，鲁南战役结束后，解放军炊事员加工当地民众送来的慰问品鸡、鸭和猪。

白塔埠战役（1947年2月6—7日）

1947年1月底，国民党集中23个整编师53个旅31万人在陇海、胶济两条铁路之间南北对进，进攻山东解放区，企图在临沂地区与华东野战军决战。华东野战军为调动、分散其南线主要进攻集团，令第二纵队采取分割包围、各个歼灭的部署，进攻位于江苏省东海县白塔埠地区的国民党第四十二集团军。2月6日晚，华东野战军以迅雷不及掩耳之势，突然包围攻击驻小埠子的该集团军总部及其所属第四师和驻马小埠的第二师。激战至7日黄昏，歼其集团军总部及第二、第四师共5000余人，俘获该集团军总司令郝鹏举。

上图：1947年2月8日，华东野战军第二纵队十二团总结讨伐郝鹏举战斗的经验。
对页图：1947年2月7日，在白塔埠战役中，华东野战军战士缴获的枪支。

1947 年 2 月 7 日，在白塔埠战役中，华东野战军俘虏国民党军 3000 多人。

莱芜战役（1947年2月19—23日）

针对国民党南北对进，企图在临沂附近或沂蒙山区同华东野战军主力决战的态势，中共中央军委多次指示：应集中兵力于一个战场，采取诱敌深入的战法，先打弱敌，后打强敌。华野总部毅然决定放弃临沂，迅速隐蔽地向北线前进，力求全歼深入新泰、莱芜的李仙洲集团。1947年2月10日，华东野战军除留第二、第三纵队伪装主力阻击南线的国民党军外，主力隐蔽兼程北上。19日，华东野战军各部逼近莱芜、颜庄地区。22日，北线的国民党第四十六军由新泰退至莱芜与第七十三军汇合，华东野战军随即将其包围。23日，莱芜被围之国民党军向北突围，华东野战军攻占莱芜城，切断了国民党军北逃之路。随后，华东野战军主力自东、西两面发起猛烈攻击，至下午5时战役结束，全歼国民党军7个师（旅）共5.6万余人，生俘国民党第二绥靖区副司令长官李仙洲，并乘胜解放了博山、淄川等13座县城，以及张店、周村等重要市镇数十处，控制了胶济铁路500华里，使渤海、鲁中、胶东解放区连成一片。这一战役俘敌数量之多、歼敌速度之快，创造了解放战争开始以来的最高纪录；粉碎了国民党军南北夹击，逼迫华东野战军在不利条件下与其决战的计划，严重打击了国民党军的士气。莱芜战役是解放军坚持运动战，大量歼灭国民党军有生力量的光辉战例。电影名作《南征北战》就是以莱芜战役为背景创作的。

1947年2月18日，莱芜战役打响前，华东野战军某部在进行战前动员。

在莱芜战役中，华东野战军在沂蒙山区急行军，向前线挺进。摄于1947年2月19—23日。

左图：在莱芜战役中，华东野战军执行南路阻击任务的部队在沂蒙山区急速行军，开赴战场。摄于1947年2月19—23日。

对页图：在莱芜战役中，华东野战军沿临蒙公路北进围歼李仙洲集团。摄于1947年2月19—23日。

在莱芜战役中，华东野战军沿临蒙公路北进围歼李仙洲集团。摄于1947年2月19—23日。

在莱芜战役中，既有野战又有攻坚战。图为华东野战军战士正在打通围墙，开辟进攻的道路。摄于 1947 年 2 月 19—23 日。

在莱芜战役中，华东野战军战士在战斗间隙修整工事。摄于 1947 年 2 月 19—23 日。

在莱芜战役中，被俘虏的国民党士兵在参加解放军的第二天就投入了战斗。摄于1947年2月19—23日。

在莱芜战役中，华东野战军某部战士在战前检查武器，并将弹药发给被俘后立即参加解放军的原国民党士兵。摄于 1947 年 2 月 19—23 日。

上图：在莱芜战役中，华东野战军缴获的马和炮车。摄于 1947 年 2 月 19—23 日。
对页图：民兵在莱芜战役中缴获敌人的机枪。摄于 1947 年 2 月。

1947 年 2 月，莱芜战役结束后，青城（现为山东省淄博市高青县青城镇）慰问团代表与华东野战军第二纵队熊部长、张科长合影。

1947年2月，莱芜战役结束后，青城（现为山东省淄博市高青县青城镇）慰问团慰问华东野战军，图为部分慰问品。

1947 年 2 月，莱芜战役结束后，周村市永安镇（现为山东省淄博市周村区永安街道）群众慰问团到华东野战军第二纵队劳军慰问。

1947 年 2 月，莱芜战役后，周村（现为山东省淄博市周村区）解放，民主政府调来大批物资，以稳定市场物价。

1947 年 2 月，莱芜战役后，周村（现为山东省淄博市周村区）解放，市场非常热闹。

（三）粉碎国民党的重点进攻

不惧重点进攻 泰安围城歼敌

泰蒙战役（1947年4月22日—5月1日）

1947年3月，国民党军集中了汤恩伯第一兵团、王敬久第二兵团和欧震第三兵团，共34个旅约30万兵力，向山东解放区蒙阴、新泰等地区发起了重点进攻，企图与华东野战军主力决战。为歼灭来犯之敌，华东野战军决心采取围城打援战术，争取在运动中各个歼敌。4月中旬，国民党第二兵团向新泰、蒙阴一线进攻。华东野战军以第一、第三、第六、第十纵队和特纵出击国民党第二兵团左翼侧后泰安城守军整编第七十二师，以5个纵队在临沂至蒙阴公路两侧准备打援。4月22日晚，第十纵队攻克泰安外围据点，包围该城。24日，为加速歼灭泰安守军，华东野战军增调第三纵队参加攻城。战至26日上午，攻占泰安城，全歼国民党整编第七十二师师部及所属2个旅，俘虏师长杨文泉。4月底，国民党第一兵团进占沂蒙公路，华东野战军以4个纵队实施反击，歼灭整编第八十三、第六十五师各一部，5月1日，战役结束。此役，共歼灭国民党军2.4万余人。

在泰安战斗中，华东野战军某部开赴战场。摄于1947年4月22日—5月1日。

在泰蒙战役期间，华东野战军某部炊事员积极为指战员们调剂好伙食。摄于 1947 年 4 月 22 日—5 月 1 日。

孟良崮战役（1947年5月6—16日）

由于大批有生力量被歼，1947年3月国民党军被迫缩短战线，放弃对解放区的全面进攻，集中兵力对陕北和山东实施重点进攻。在山东战场，国民党集中了24个整编师共60个旅约45万人，由陆军总司令顾祝同在徐州设立前进指挥所统一指挥。其中用于第一线的兵力为43个旅约20万人，以其精锐的整编第十一师、第七十四师和第五军为骨干，编成3个兵团，成弧形向鲁中山区推进，企图迫使华东野战军主力与其决战或北渡黄河。针对上述情况，中共中央军委多次指示华东野战军不要性急，不要分兵，让敌人放手前进，必能找到歼敌机会。华东野战军司令员兼政治委员陈毅、副司令员粟裕遵照这一指示，于5月6日调整部署，将主力后撤至莱芜、新泰以东地区待机歼敌。华东野战军主力东移后，使蒋介石、陈诚产生了错误判断，遂于5月10日命令各部兼程前进，跟踪追剿，以实现在鲁中山区与华东野战军主力决战之目的。国民党担任右翼进攻任务的第一兵团司令官汤恩伯不待相邻兵团统一行动，即以整编第七十四师为骨干，在整编第二十五师、第八十三师配合下，于5月11日自垛庄、桃墟地区进攻坦埠，企图占领沂水至蒙阴公路；另以第七军及整编第四十八师北攻沂水，策应整编第七十四师作战。5月12日，国民党五大主力之一的整编第七十四师趾高气扬地抢攻在前，陈毅、粟裕立即抓住第七十四师冒进突出于蒙阴东南孟良崮山区的这一战机，从5月13—16日，以4个纵队钳制第七十四师两翼部队，集中5个纵队把第七十四师从国民党整个进攻部队中割裂开来，将第七十四师陷入外无援兵、内无粮草、水源断绝的绝境。经过3日激战，国民党装备精良的王牌军第七十四师（外加整编第八十三师1个团）3.2万余人，全部被华东野战军歼灭于孟良崮，师长张灵甫被击毙。孟良崮战役的胜利，连蒋介石本人也不得不承认："真是空前的大损失，能不令人哀痛！"这一战役，开创了在国民党重兵密集并进的态势下，从敌阵线中央割歼其进攻主力的范例，是打破国民党对山东解放区重点进攻和转变华东战局的关键一战，被陈毅誉为"百万军中取上将首级"，并留下一首七律名篇：

孟良崮上鬼神号，七十四师无地逃。
信号飞飞星乱眼，照明处处火如潮。
刀丛扑去争山顶，血雨飘来湿战袍。
喜见贼师精锐尽，我军个个是英豪！

上图：1947年5月6日，孟良崮战役打响前，华东野战军第二纵队某部在进行战前动员。

对页图：1947年5月6日，在孟良崮战役打响前，鲁中地区的一位民兵即将上前线，他正向妹妹（中）、妻子和孩子道别。

1947 年 5 月 6 日，在孟良崮战役打响前，部队就要出发了，大妈向华东野战军的战士嘱咐几句心里话。

1947年5月13日，在孟良崮战役中，华东野战军某部翻山越岭，向孟良崮疾进，追歼国民党“王牌军”第七十四师。

1947 年 5 月 13 日，在孟良崮战役中，华东野战军第二纵队轻型炮兵连开赴前线。

在孟良崮战役中，华东野战军某部向前沿阵地开进。摄于1947年5月6—16日。

在孟良崮战役中，华东野战军第二纵队开赴前线。摄于 1947 年 5 月 6—16 日。

在孟良崮战役中，华东野战军某部彻夜行军，拂晓露营，等待进攻命令。摄于1947年5月6—16日。

在孟良崮战役中，华东野战军某部通信兵在山野间架设电话线，保障战役指挥通畅。摄于1947年5月13—16日。

在孟良崮战役中，华东野战军第二纵队机枪手在监视国民党军的动静，时刻准备战斗。摄于1947年5月13—16日。

在孟良崮战役中，华东野战军某部炮兵观察点。摄于 1947 年 5 月 13—16 日。

1947 年 5 月 16 日，在孟良崮战役中，一位老大娘向华东野战军第二纵队炮兵团一连连长施夫俊指点国民党第八十三师十九旅第五十六团的指挥所就在刘家河疃村庄的商店里。

在孟良崮战役中，战士受伤易着凉，抬担架的老乡脱下自己的棉衣盖在受伤战士的身上。摄于1947年5月。

大娘慈母心，护理子弟兵。孟良崮战役期间，老大娘给解放军伤员喂饭。摄于 1947 年 5 月。

1947 年 5 月 16 日，在孟良崮战役中，已成俘虏的国民党官兵陆续被押送到集合点。

在孟良崮战役中，刚被俘的几个国民党第七十四师校官在听两个月前被俘的国民党第十九师第五十六团团副章翼陆（持小棒者）讲解放军的宽大政策。摄于 1947 年 5 月。

在孟良崮战役期间，民兵和支前民工自发组织了俱乐部，虽然他们远离家乡，但不觉得寂寞，战斗之余也有放松的娱乐活动。摄于1947年5月。

华东野战军前线轻便修械所的战士在修理战损的武器装备。摄于1947年5月。

在孟良崮战役期间，当地老百姓不愿受国民党军的压榨，携儿带女到解放军驻地避难。摄于1947年5月6—16日。

在孟良崮战役期间，国民党军进攻沂蒙山，村民被迫离开家乡，以免受其害。摄于1947年5月6—16日。

在孟良崮战役期间，当地村民为避免国民党军“重点进攻”而选择背井离乡。摄于1947年5月6—16日。

在孟良崮战役期间，国民党军侵占了百姓们的家乡，村民们只好在野外避难。摄于1947年5月6—16日。

1947 年 5 月，在孟良崮战役期间，解放军战士向为躲避国民党进攻而逃离家乡的村民询问情况。

1947 年 5 月，孟良崮战役取得胜利后，当地民众安心发展生产。

（四）开辟新战场　华野外线进攻作战

沙土集战役（1947年9月7—9日）

沙土集战役是1947年9月华东野战军西线兵团在山东省郓城、菏泽、钜野地区对国民党军进行的一次歼灭战。

从1946年7月到1947年7月，我军经过一年的内线作战，粉碎了国民党的全面进攻，基本上挫败了国民党的重点进攻。国民党的总兵力已由战争之初的430万人降为373万人。其中，正规军人数已从200万降为150万。解放军却在不断发展壮大，总兵力已由战争之初的127万人增加到195万人，解放区的广大农民为保家保田踊跃参军。中共中央、中央军委依据整个战局的发展，选定中原地区为主要突击方向，解放军主力转入战略进攻。（注：数据参见《中国人民解放军军史》第三卷139—140页）

1947年7月，华东野战军根据中共中央军委 “把战争引向国民党区域”的决策，为配合晋冀鲁豫野战军主力南渡黄河转入外线作战，第三、第八、第十纵队和第一、第四纵队从鲁中分别向鲁西、鲁南进击，把大量敌人吸引到自己周围，策应晋冀鲁豫野战军主力进军大别山。8月，华东野战军司令员兼政治委员陈毅、副司令员粟裕率第六纵队和特种兵纵队主力转至寿张地区，与先期到达鲁西南的5个纵队组成外线兵团，并指挥晋冀鲁豫野战军第十一纵队，先在鲁西南打开局面，尔后向豫皖苏挺进。在阴雨连绵、道路泥泞的情况下，战士们发扬不怕苦的革命精神，克服重重困难与国民党军周旋。9月初，国民党企图阻击陈粟大军南下，仓皇集结第五、第五十七、第六十八、第八十四共计4个整编师，分三路向鄄城进犯。国民党第五十七师在进犯中遭华东野战军迎击，3日未能进展，当即回窜集结于菏泽东沙土集及大王庄、徐庄一线。华东野战军于7日将其包围，8日早晨扫清外围之国民党军，战至9日早晨5时，国民党整编第五十七师师部及其两个旅被华东野战军全部歼灭。

沙土集战役的胜利，不仅扭转了华东野战军在鲁西南的被动局面，为向豫皖苏进军打开了道路，而且迫使蒋介石从大别山区和华东野战军东线战场抽调4个师驰援鲁西南，有力地配合了刘邓大军和华东野战军东线兵团的行动。

在沙土集战役中，鲁西南人民用小船首尾相接架成浮桥，帮助华野部队过河。摄于1947年9月7—9日。

沂水静静流，战士行军急。在沙土集战役中，华东野战军通过滕县境内的沙河向鲁西南进发。摄于1947年9月7—9日。

穿过青纱帐，挺进向中原。在沙土集战役中，华东野战军西线兵团的战士扛着炸药包在高粱地里前进。摄于1947年9月7—9日。

在沙土集战役中，华野部队在泥泞的道路上行进。摄于 1947 年 9 月 7—9 日。

在沙土集战役期间，当地群众大力支援解放军。摄于 1947 年 9 月 7—9 日。

在沙土集战役中，解放军受到当地百姓的热烈欢迎。摄于1947年9月7—9日。

进军豫皖苏战役（1947 年 9 月 26 日—10 月 26 日）

在中共中央军委的“大举出击，经略中原”的指示下，继刘邓大军和陈赓兵团挺进中原后，1947 年 9 月 26 日晚，华东野战军西线兵团以第一、第三、第四、第六、第八纵队分兵五路于徐州、开封之间，横越陇海路挥戈南下，进军豫皖苏地区（东起津浦路，西到平汉路，南起淮河，北止陇海路）。在 1 个月的作战中，除歼灭国民党正规军一一九旅的 1 个团外，还歼灭了河南省 4 个保安团、15 个县保安队，攻克县城 24 座，共歼敌 1 万余人，解放人口 1000 余万，恢复鲁西南的广大地区，建立了豫皖苏解放区，从而有力地配合了刘邓大军进军大别山作战。

华东野战军西线兵团跨过陇海路，向豫皖苏地区进发。摄于 1947 年 10 月 8 日。

在华东野战军外线出击进军豫皖苏期间，某部指挥员在研究行军路线。摄于 1947 年 9 月 26 日—10 月 26 日。

进军豫皖苏时，华野部队行军至黄泛区，不入百姓家休息。摄于 1947 年 9 月 26 日—10 月 26 日。

上图：华野部队进军豫皖苏，当地群众大力支援解放军。摄于1947年9月26日—10月26日。
对页图：进军豫皖苏时，华野部队渡过皖北浍河。摄于1947年9月26日—10月26日。

华东野战军外线出击部队在进军豫皖苏的战斗中解放了24座城镇。摄于1947年10月。

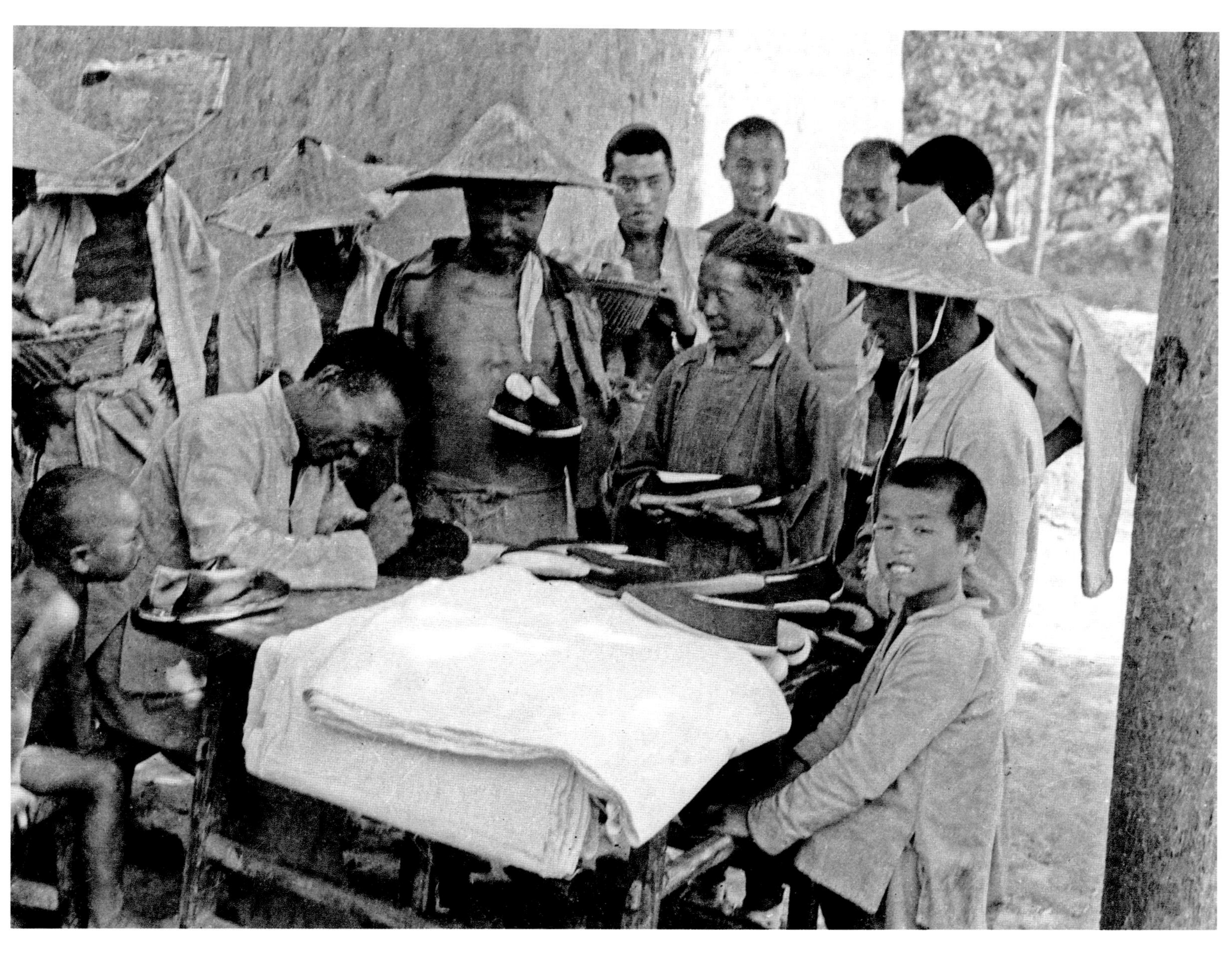

在进军豫皖苏战役中，解放区群众积极捐献“解放”鞋等物资，支援解放战争。摄于1947年10月。

河南省商水县周口镇解放后，解放军上街帮群众打扫卫生。摄于 1947 年 10 月。

河南省商水县解放后，周口桥下商贸繁荣。摄于 1947 年 10 月。

破击陇海路战役（1947 年 11 月 9—18 日）

1947 年 11 月，华东野战军西线兵团挺进豫皖苏后，分割国民党军，切断交通大动脉，在陇海路徐州以西至固镇段，将国民党军掌控的铁路彻底破击，控制铁路 400 余里，收复县城 9 座，歼灭国民党军 1.1 万余人。豫皖苏地区的国民党军遭此打击后更陷于孤立、被动的境地。

在破击陇海路战役中，华东野战军缴获一列火车。摄于 1947 年 11 月 9—18 日。

华东野战军从山东出击至河南时开仓济贫，拯救穷苦百姓。摄于 1947 年 11 月。

平汉、陇海路破击战役（1947 年 12 月 1—31 日）

为配合大别山区刘邓大军反击国民党军“重点清剿”作战，陈粟、陈谢（陈赓、谢富治）两支大军于 1947 年 12 月初开始对平汉路南段（新郑—确山）、陇海路东段（民权—砀山），发动了强大的破击战。1 个月内，将平汉路南段郑州、信阳间及陇海路东段开封、郑州间的 420 公里铁路全部破坏掉。连克许昌、漯河、驻马店、民权等县城、重镇、车站等 50 余座，歼灭国民党正规军第五兵团兵团部、整编第三师师部及 6 个县保安团等 4.5 万余人。此战役打破了国民党在中原战场的作战计划和作战体系，迫使国民党军先后从大别山调出 4 个整编师应援，从而粉碎了国民党军对大别山区的围攻；并使刘邓晋冀鲁豫野战军鄂豫皖解放区与华东野战军西线兵团豫皖苏解放区、陈谢兵团豫陕鄂解放区连成一片，为尔后在中原战场进行大规模作战创造了有利条件。

上图：平汉、陇海路破击战。摄于 1947 年 12 月。

对页图：华东野战军西线兵团开仓济贫，河南的穷苦百姓分到了粮食和衣裳。摄于 1947 年 11 月 9—18 日。

1948年1月，平汉、陇海路破击战结束后，华野某部炮兵阵容。

1948年1月，平汉、陇海路破击战役结束后，华东野战军第三纵队从确山撤出，北上至河南商水之沙河以北进行整训。这是某班实行军事民主，研究如何利用地形、地物作战。

1947年12月，河南商丘解放后，穷苦百姓涌进地主家粮仓等待解放军开仓放粮。

1948年1月，平汉、陇海路破击战之后，河南新解放区的群众向解放军述说他们遭受国民党军压迫、蹂躏之苦。

中原重镇 许昌解放

人民解放军挺进豫皖苏后，国民党军向许昌增调了一个主力团以加强守备。为了摧毁围攻大别山的国民党军的补给线，支援刘邓大军作战，华东野战军开始了攻打许昌的准备工作。1947 年 12 月 14 日夜发起总攻，经过 13 小时的激烈战斗，许昌城于 15 日 12 时宣告解放。《人民日报》《东北日报》等各大报纸均在显著位置报道了许昌解放的消息，粟裕来电表示祝贺和慰问。战斗一结束，华东野战军第三纵队立即成立了以丁秋生、刘春为正、副书记的许昌城市工作委员会，制定城市政策，展开善后工作，进行城市政策纪律的宣传教育，维护社会秩序。不久，许昌市人民民主政府和许昌县人民民主政府成立。

1947 年 12 月 15 日 12 时，许昌城宣告解放，许昌市民在县政府门前庆祝解放。

1947 年 12 月，许昌城内的市民在许昌县政府门前庆祝解放。

1947 年 12 月，华东野战军在解放后的许昌城街头张贴出安民告示。

上图：1947年12月，许昌解放后，许昌市民观看华东野战军挂在橱窗里的展览图片。

对页图：1947年12月，许昌解放后，市民争相观看华东野战军设在临街橱窗里的图片展览和公告。

開放時間
上午八時半起
至下午四時止
部隊同志
概不招待
毛主席
人民解放軍华沙部隊

1947年12月，许昌市民走上街头耍龙灯欢庆解放。

击破『金城汤池』洛阳 中野华野再显神威

洛阳战役（1948年3月8—14日）

洛阳地扼陕、晋、豫三省要冲，处陇海路中段，北依邙山，南傍洛河、伊河，地势险要，易守难攻，为历代兵家必争之地。国民党军在洛阳筑有永久性工事，以城西北运动场构成核心阵地，以城垣结合四关构成主阵地，以外围支撑点构成外围阵地，形成完整的防御体系，自诩为“金城汤池”。为配合西北野战军作战，掩护刘邓大军主力休整，华东野战军第三、第八纵队和晋冀鲁豫野战军陈（赓）谢（富治）兵团第四、第九纵队于1948年3月8日发起攻取洛阳的战役。战役由华东野战军参谋长陈士榘、政治部主任唐亮统一指挥，以第三、第四纵队担任攻城，第八、第九纵队担任打援。9日，攻城部队渡过伊河、洛河，袭占了洛阳四关，基本肃清外围之敌。11日晚，向洛阳城垣发起总攻。华东野战军第三纵队首先突破东门，投入巷战。陈（赓）谢（富治）兵团第四纵队也于12日午后相继突破西门和南门。国民党军龟缩在城西北角核心阵地固守待援。14日，由郑州、许昌来援的国民党军已迫近洛阳，与华野阻援部队展开激战。当晚，解放军攻城部队发起最后攻击，全歼国民党守军，九朝古都洛阳解放。这次战役共歼国民党军2万余人，活捉了国民党军青年军第二〇六师师长邱行湘，获得了攻克坚固设防城市的经验，使中原解放区和黄河以北的老解放区连成了一片。

1948年3月8日，在攻打洛阳城的战斗中，华东野战军第八纵队袭占偃师虎头山，控制嵩山隘路，阻击国民党军。

1948年3月8日，华东野战军陈士榘、唐亮指挥的第三、第八纵队与晋冀鲁豫野战军陈（赓）谢（富治）兵团第四、第九纵队发起了洛阳战役。图为3月9日，华东野战军攻城部队强渡洛河。

1948 年 3 月 9 日，在洛阳战役中，华东野战军攻城部队强渡洛河。

1948 年 3 月 9 日，在洛阳战役中，华东野战军渡过伊河、洛河，向洛阳城区迅猛前进。

1948 年 3 月 9 日，在洛阳战役期间，解放军各路大军渡过洛河向洛阳城区迅猛前进。

“政治民主、军事民主、经济民主”是解放军在官兵一致原则的基础上建立的民主制度，它不仅是解放军建军的一项基本原则，也是解放军战无不胜、攻无不克的保证。图为洛阳战役期间，攻城部队充分发扬军事民主，指战员群策群力，研究作战方案。摄于 1948 年 3 月。

在洛阳战役期间，华野部队发扬军事民主，沙盘推演，寻找克敌制胜的办法。摄于1948年3月。

在洛阳战役期间，华东野战军某部到达宿营地。摄于 1948 年 3 月 8—14 日。

关心群众，救死扶伤。华野部队卫生员给当地百姓医治腿伤。摄于1948年3月8—14日。

（五）逐鹿中原　华野领命大量歼敌

击敌必救急袭省府开封 调动敌军布阵睢杞歼敌

豫东战役（1948年6月17日—7月6日）

豫东战役，亦称“开封、睢杞战役”“黄泛区会战”，是国共双方在中原地区进行的第一次大规模兵团作战。

1948年5月上旬，国民党军统帅部为摆脱中原战场的被动局面，调集重兵至鲁西南寻求决战。为在中原战场大量歼灭国民党部队，华东野战军决定围点打援，先打开封，再歼援敌，在运动中寻机消灭国民党军。华东野战军在中原野战军的配合下，于1948年6月17日发起豫东战役。直接参加豫东地区作战的有华东野战军8个纵队、中原野战军2个纵队、冀鲁豫军区和豫皖苏军区部队各一部，共20万人。国民党有12个整编师、3个快速纵队，以及特种兵部队、保安部队，共25万人。22日，华东野战军攻克河南省省会开封，蒋介石慌忙调集鲁西南和平汉路西段的队伍北上增援。华东野战军于6月26日主动放弃开封，6月27日至7月6日，以一部兵力阻击国民党整编第五军于开封东南地区，集中兵力于睢县、杞县地区，包围歼灭国民党第七兵团主力，俘兵团司令区寿年，并歼灭由津浦路中段来援的黄百韬兵团一部，阻遏了由平汉路北援之敌。此战役连续作战20天，歼灭国民党1个兵团部、2个整编师师部、4个正规旅、2个保安旅，连同阻击战，共歼灭国民党军9万余人，削弱了中原国民党军的有生力量，为解放军歼灭国民党军主力于长江以北创造了条件。

开封战役期间，华东野战军第八纵队某团指挥所移驻开封真光中学，准备攻击小南门。摄于1948年6月17日。

开封战役（1948 年 6 月 17—22 日）

开封位于河南省东部平原，北濒黄河，南倚陇海铁路，城周约 20 公里，有六门四关。1948 年 6 月 16 日，粟裕下达了攻打开封的作战命令。华东野战军西线兵团第三、第八纵队隐蔽地向开封前进，于 6 月 17 日 17 时发起攻击，18 日 13 时占领南关，当晚突破小南门，19 日华野大部攻入城内，分头将“绥靖公署”及省府、古吹台、鼓楼、地方法院、中国中学等地国民党军包围起来，最后于 21 日晚攻克古龙亭核心阵地，22 日晨结束战斗。此战共歼国民党军 3.96 万余人，除当时河南省主席刘茂恩只身化装潜逃外，国民党第六十六师师部及所属第十三旅、河南省 2 个保安旅等部被全歼，师长李仲辛被击毙。开封战役是人民解放军在中原战场上继洛阳战役后又一次成功的攻坚作战，也是人民解放军第一次攻克国民党军据守的省会的作战，为尔后攻占大中城市和制定城市政策提供了经验。

开封战役期间，华东野战军西线兵团第八纵队爆破队员涉水向开封小南门目标隐蔽前进。摄于 1948 年 6 月 18 日。

开封战役期间，华东野战军第八纵队攻城突击队正向有着坚固防御设施的小南门进击。摄于1948年6月18日。

1948年6月18日23时，华东野战军第八纵队5个排的战士率先突入小南门，坚守突破口，顽强战斗，击溃国民党军的多次反冲锋，坚守7小时保住了阵地。

1948年6月19日早晨，华东野战军第八纵队某团李干排突破小南门，顽强战斗，坚守突破口。

1948年6月19日，在开封战役中，华东野战军第八纵队某团七连的一名战士已坚守小南门6小时之久。

1948 年 6 月 19 日，在开封战役中，已坚守小南门 6 小时之久的华东野战军第八纵队某团七连战士在战斗。

1948 年 6 月 19 日，在开封战役中，华野突击部队全歼小南门守敌后，后续部队进入城内。

1948年6月19日，在开封战役中，华野部队攻占小南门。

1948年6月19日，在开封战役中，华东野战军第八纵队的战士冒着敌机的轰炸向开封大南门前进。

1948年6月19日，在开封战役期间，国民党守军以大南门外的河南邮政总局为工事顽固抵抗，使该局大楼严重损毁。

上图：1948 年 6 月 19 日，在开封战役中，华东野战军攻占大南门。

对页图：1948 年 6 月 19 日，在开封战役中，炊事班给前线战士送饭。

1948 年 6 月 19 日，解放军占领了当时的河南省政府民政厅。

1948 年 6 月 22 日，华东野战军占领开封火车站。

1948 年 6 月 22 日早晨，开封战役结束，华野部队在打扫战场。

1948 年 6 月 22 日，华野部队攻下开封市后，拆除国民党军据点工事。

1948 年 6 月 22 日早晨，开封战役结束后，华野炮兵在鼓楼过道休息。

开封战役结束后，一名年少的国民党士兵哭诉被迫当兵的情形。摄于1948年6月22日。

在开封战役中，被击毁的国民党军飞机。摄于 1948 年 6 月 22 日。

在开封战役中，国民党飞机对开封城狂轰滥炸，马道街被炸毁。摄于 1948 年 6 月 22 日。

在开封战役中，国民党飞机对开封狂轰滥炸，造成大量房屋损毁，人们无家可归。摄于 1948 年 6 月 22—26 日。

在开封战役中，国民党飞机对开封城狂轰滥炸，市民的房屋被毁，他们只能住在窑洞里。摄于1948年6月22—26日。

在开封战役中，国民党飞机狂炸开封，市民死伤近万人，同济医院每天要收治近千人。摄于 1948 年 6 月 22—26 日。

在开封战役期间，同济医院的医生为受伤市民治伤。摄于1948年6月22—26日。

蒋介石

开封解放后，市民在鼓楼观看解放军张贴的宣传画。摄于 1948 年 6 月 22—26 日。

开封市民观看华东野战军前线司令部、政治部张贴的布告。摄于 1948 年 6 月 22—26 日。

开封市民争相阅读解放军发放的宣传物。摄于 1948 年 6 月 22—26 日。

解放军与学生们交谈，宣传中国共产党的政策。摄于 1948 年 6 月 22—26 日。

解放区学校联合招生办在开封设立了报名处，开封的学子们积极报名去解放区学习工作，他们背起行装准备出发。摄于 1948 年 6 月 22—26 日。

睢杞战役（1948年6月27日—7月6日）

开封失守，蒋介石为挽回败局，急令邱清泉兵团并指挥国民党整编第八十三师星夜向开封前进，令刚组建的区寿年兵团（辖整编第七十五师、第七十二师和新编第二十一旅）由民权县经睢县、杞县进击开封，企图与华东野战军西线兵团在开封决战。粟裕依据国民党军的动向，经报请中共中央军委批准，决心集中兵力围歼区寿年兵团。遂以华东野战军第一、第四、第六纵队和中原野战军第十一纵队组成突击集团，准备对区寿年兵团实施夹击；以第三、第八、第十纵队和两广纵队组成阻援集团，在杞县以西地区阻击邱清泉兵团东援。6月26日晨，华东野战军第三、第八纵队撤离开封向通许县方向转移，第一、第四、第六纵队向杞县以南傅集镇转移，于27日晚开始对区寿年兵团进行合围。至29日晨，将区寿年兵团部及国民党整编第七十五师包围和分割于龙王店、常郎屯、杨拐、榆厢铺、陈小娄等地，并将国民党整编第七十二师包围于铁佛寺村周围地区。华东野战军第三、第八、第十纵队迅速插入杞县、齐砦、高阳集、王崮之线，隔绝了邱、区两兵团的联系。29日晚，突击集团以一部兵力包围国民党整编第七十二师，主力围攻龙王店外围各村落，至7月1日中午，华东野战军将国民党整编第七十五师所属第六旅及新编第二十一旅全部歼灭。接着向龙王店守军发起猛攻，激战至2日凌晨3时，将国民党区寿年兵团部、整编第七十五师师部及第十六旅1个团全部歼灭，兵团司令区寿年及第七十五师师长沈澄年被生俘。7月1日黄百韬增援部队进抵帝丘店附近。7月2日，国民党整编第七十五师残部在榆厢铺、何旗屯被围歼。7月3日，华野第一、第四纵队和第六纵队主力及两广纵队东移到达帝丘店西北曹营、谢营，同时全线出击，达成合围并迅速歼灭黄百韬2个团。5日晚，华东野战军西线兵团发起总攻，至6日晨，克王老集、孙庄等地，又歼灭国民党军1个团。7月6日晚，华东野战军西线兵团和中原野战军各部队撤出战斗，向睢县、杞县以南及鲁西南转移。睢杞战役歼灭国民党正规部队1个兵团部、1个整编师部、3个旅、4个团及5个整编师各一部，共5.42万余人。

1948年6月26日，豫东战役打响前，华野战士即将赴战场，大爷给亲如家人的解放军盛水喝。

1948年6月27日，在睢杞战役期间，老百姓给行军路上的解放军送水喝，天热水清情谊深。

在睢杞战役中，据守榆厢铺的国民党整编第七十五师残部于1948年7月2日全部被歼灭。图为华野部队战士炮击国民党军整编第七十五师的地堡群。

1948 年 7 月 2 日，在睢杞战役期间，华野部队炮兵开炮轰击榆厢铺国民党整编第七十五师之残敌。

上图：在睢杞战役期间，华野某部指战员向刚被俘虏的国民党士兵了解敌情。摄于 1948 年 6 月 27 日—7 月 6 日。

对页图：1948 年 7 月 2 日，在睢杞战役中，华野某部参谋在战壕中向上级汇报前线突击队的作战情况。

上图：1948 年 7 月 2 日，在睢杞战役的榆厢铺战斗中，华野部队全歼国民党整编第七十五师第十六旅 1 个团。图为解放军押着国民党整编第七十五师第十六旅俘虏走出榆厢铺西南寨门。

对页图：1948 年 7 月 2 日，在睢杞战役中，华野某部攻入榆厢铺西南寨门突破口，围歼了国民党整编第七十五师一个团。

在睢杞战役中，华野某部炸开 4 道木桩、3 个地堡、1 个门楼的英雄们。摄于 1948 年 7 月 6 日。

在豫东战役中，解放军涉水过河，争分夺秒救伤员。摄于 1948 年 6 月 27 日—7 月 6 日。

上图：豫东战役结束后，新华社驻华野部队的通讯员忙着出墙报，给报社和新华社发稿进行宣传。摄于 1948 年 7 月。

对页图：在豫东战役期间，华野部队随军记者向新华社前线总分社发稿。摄于 1948 年 7 月。

豫东战役结束后，华野部队进行休整，战士们在小河边洗衣服。摄于 1948 年 7 月。

豫东战役结束后，华野部队战士们利用休整时间在小河里洗澡。摄于 1948 年 7 月。

在解放战争的战场上，国民党军官放下武器后立即受到中国共产党的宽大待遇，在自由民主的解放区里愉快地生活和学习，一幅崭新的生活画卷逐渐地在他们的面前展开。摄于 1948 年 7 月。

强攻济南猛如虎 打援阻击巧部署

济南战役（1948 年 9 月 16—24 日）

济南战役分为攻城、打援阻击两个阶段。华东野战军以 6 个半纵队约 14 万人组成攻克济南的攻城兵团；以 8 个半纵队约 18 万人组成阻援兵团，1948 年 9 月 16 日开始行动。华东军区及山东兵团的军队后勤系统和地方支前系统至战役发起前动员了 50 万名支前民工，同时为参与阻援的豫皖苏军区部队补充了弹药、粮食、军装、医药等物资。9 月 19 日晚，国民党整编第九十六军军长吴化文在共产党的争取下，率国民党整编第八十四师等部 3 个旅约 2 万人起义，撤离战场。由于解放军准备充分，迫使国民党邱清泉兵团北援的部队只能徘徊于城武、定陶以南地区；国民党沿津浦线北援的李弥、黄百韬两兵团尚未集结完毕，9 月 26 日，济南即告解放。解放军俘获国民党第二绥靖区司令官王耀武、山东绥靖统一总指挥部副主任庞镜塘等 23 名高级将领，毙伤国民党军 2.342 万人，俘虏 6.187 万人。济南被攻克后，菏泽、临沂、烟台等地守敌慑于解放军声威，纷纷弃城逃窜，山东境内除青岛及南部边缘少数据点尚被国民党军占领外，其余全获解放。华北、华东两大解放区完全连成一片，解放军得以在陇海路东段进行更大规模的歼灭战，从此揭开了战略决战的序幕。

在济南战役中，华东野战军某部战士在鲁西南巨野县章逢集构筑工事，阻击援敌。摄于 1948 年 9 月 16—24 日。

在济南战役中，华东野战军第四、第八纵队奉命北移至鲁西南金乡县、巨野县、嘉祥县一线阻击援敌。图为骑兵在行军途中休息。摄于 1948 年 9 月 16—24 日。

在济南战役中，华东野战军第四、第八纵队奉命北移至鲁西南金乡县、巨野县、嘉祥县一线阻击援敌。图为当地老百姓在河沟水淹地中架起木板，帮助解放军涉水过河。摄于1948年9月16—24日。

在济南战役中，为阻击国民党军，华东野战军第八纵队六十四团周锡昌班的同志背着生病的战友蹚过水淹地。摄于 1948 年 9 月 16—24 日。

在济南战役中，为阻击援敌，华东野战军第八纵队六十四团周锡昌班的刘木林教战友构筑工事。摄于 1948 年 9 月 16—24 日。

在济南战役中，华东野战军第四、第八纵队奉命北移至鲁西南金乡县、巨野县、嘉祥县一线阻击援敌。图为战士们正在排掉壕沟里的积水，以利于作战。摄于 1948 年 9 月 16—24 日。

在济南战役中，华东野战军第八纵队某部战士在鲁西南地区挖树枝做鹿砦，阻挡国民党邱清泉兵团北援。摄于 1948 年 9 月 16—24 日。

济南战役期间，邱清泉整编第五军又来了，鲁西南老百姓正在转移，躲避国民党军的进犯。摄于1948年9月16—24日。

济南战役期间，在国民党军进犯时，解放区翻身做主人的农民勇敢地拿起工具帮助解放军构筑防御工事。摄于1948年9月16—24日。

在济南战役中，鲁西南巨野县大义集的百姓帮解放军筑路。摄于1948年9月16—24日。

在济南战役中，华东野战军某部战士在战前检查武器、弹药。摄于1948年9月16—24日。

在济南战役中，华东野战军第八纵队某部战士做好阻击工事后在水塘里洗涤衣物。摄于 1948 年 9 月 16—24 日。

在济南战役中，华东野战军第八纵队六十四团三营八连获“战斗团结模范”锦旗的周锡昌班战士合影。摄于1948年9月16—24日。

华东野战军指战员向鲁西南民众宣读解放军解放济南的捷报。摄于 1948 年 9 月。

（六）战略决战　注定国民党彻底失败的命运

淮海战役吹响了解放全中国的战斗号角

淮海战役（1948 年 11 月 6 日—1949 年 1 月 10 日）

淮海战役是解放战争时期中国人民解放军华东野战军、中原野战军在以徐州为中心、陇海路和津浦路两侧为战场，对国民党重兵集团展开的一次决定性的战略决战，以解放军的全面胜利而告终。战役于 1948 年 11 月 6 日开始，1949 年 1 月 10 日结束，历时 66 天。国民党军先后投入 7 个兵团、2 个绥靖区、34 个军，共 86 个师约 80 万人。解放军参战部队有华东野战军 16 个纵队、中原野战军 7 个纵队，连同华东军区、中原军区地方部队共约 60 万人。结果，徐州“剿总”司令刘峙指挥的国民党军 5 个兵团部、22 个军部、56 个师及一个绥靖区被歼灭，55.5 万人伤亡及被俘，解放军伤亡 10 余万人。此次战役，解放了长江以北的华东、中原地区，使国民党统治中心南京处于解放军直接威慑之下，为解放南京、解放全中国奠定了胜利的基础。

淮海战役期间，华东野战军某部进入黄百韬兵团部所在地碾庄圩的前沿阵地。摄于 1948 年 11 月 6—21 日。

淮海战役第一阶段（1948年11月6—22日）

1948年9月，解放军总兵力由解放战争初期的120余万人发展到280万人，国共两党兵力的比例由战争初期的3.4 ∶ 1缩小为1.3 ∶ 1。实行战略决战，聚歼国民党重兵集团的时机已经成熟。9月下旬，济南战役获胜后，粟裕向中共中央军委提议，发起攻歼淮阴、淮安、宝应、高邮、海州国民党军之战役，称为“淮海战役”，主要目标为歼灭距离徐州较远的国民党黄百韬第七兵团、李延年第九绥靖区，为夺取徐州做好准备。10月11日，毛泽东电告华东野战军，提出了淮海战役分3个阶段的设想，第一阶段歼灭黄百韬兵团，占领新安镇、枣庄、临沂等地。同时，中原野战军应攻击郑徐线，牵制孙元良兵团，以减轻华东野战军阻援的压力。原来设想的淮海战役发展为华东、中原两大野战军共同配合的战役，小淮海战役发展为大淮海战役。11月6日，国民党军调动华中“剿总”司令部黄维的第十二兵团进至太和、阜阳地区东援，将徐州、蚌埠战场的兵力增加到70万人。华东野战军按计划于6日夜间发起淮海战役，各部队向预定目标开进。8日，国民党军第三绥靖区副司令官何基沣、张克侠率第五十九军全部、第七十七军大部2.3万余人在贾汪、台儿庄地区起义，解放军得以迅猛地直插徐州以东。11日，华东野战军将国民党第七兵团合围于碾庄地区。15日，中原野战军攻占宿县，切断了徐州国民党守军向蚌埠方向的退路。鉴于淮海战役规模越打越大，16日，中共中央军委决定，由刘伯承、陈毅、邓小平、粟裕、谭震林组成淮海战役总前敌委员会，统一指挥淮海战役。19日，华东野战军全力加快对国民党第七兵团的围歼作战，并以重兵阻遏由徐州向东救援的邱清泉第二兵团和李弥第十三兵团。至22日，将国民党第七兵团10万人全部歼灭，司令官黄百韬毙命。

在淮海战场上，老百姓为解放军观察员讲解黄百韬阵地的情况。摄于 1948 年 11 月 6—21 日。

淮海战役期间，华东野战军指战员在前沿阵地上开会部署作战方案。摄于 1948 年 11 月 6—21 日。

淮海战役期间，在围歼国民党黄百韬兵团的战斗中，华东野战军的步兵与炮兵协同作战。这是炮兵团团长胥铁城（左）、步兵团团长余步血在战壕掩体中共同指挥作战。摄于1948年11月6—21日。

淮海战役期间，在围攻黄百韬兵团部所在地碾庄圩前，解放军将大批弹药运送到前线。摄于1948年11月6—21日。

淮海战役期间，华东野战军在围攻国民党黄百韬兵团时将战防炮推入阵地作战。摄于1948年11月6—21日。

在攻击碾庄圩黄百韬兵团的战场上，解放军炊事员冒着炮火硝烟将食物送到前线的战壕里。摄于1948年11月6—21日。

在淮海战役攻击碾庄圩黄百韬兵团的战场上，华东野战军第八纵队六十七团张书香副团长深入前沿指挥作战。摄于 1948 年 11 月 19—21 日。

在淮海战役中，华东野战军第八纵队的六〇炮战士向碾庄圩黄百韬兵团阵地开炮进攻。摄于1948年11月19—21日。

碾庄是一个水圩，黄百韬将他的指挥部设于水圩的中心地带。图为淮海战役中，华东野战军第八纵队六十七团九连突击队涉水穿过寒冷刺骨的水圩，向黄百韬兵团司令部所在地冲去。摄于 1948 年 11 月 19—21 日。

在淮海战役中，华东野战军第八纵队六十七团三营九连战士在猛烈的炮火掩护下跃出工事，向黄百韬兵团司令部所在地碾庄发起冲锋。淮海战役胜利结束后，华野八纵六十七团三营九连被华东野战军授予“碾庄圩突击模范连”光荣称号。摄于1948年11月19—21日。

在淮海战役中，华东野战军第八纵队六十七团三营九连战士在猛烈的炮火掩护下跃出工事，向黄百韬兵团司令部所在地碾庄发起冲锋。摄于 1948 年 11 月 19—21 日。

1948年11月21日，在淮海战役中，华东野战军第八纵队六十七团二连六班战士冲到黄百韬兵团设在碾庄的司令部。

1948年11月21日，在淮海战役中，华东野战军第八纵队六十七团二连六班战士冲到黄百韬兵团设在碾庄的司令部，逐层搜索国民党兵。

1948年11月21日，在淮海战役中，华东野战军第八纵队六十七团二连六班战士冲入黄百韬兵团司令部，迫使地堡里的国民党兵缴枪投降。

1948年11月22日，在淮海战役中，华东野战军第八纵队突破碾庄南门外国民党第七兵团炮兵阵地。

1948年11月22日，在淮海战役中，华东野战军将国民党第七兵团10万余人全部歼灭。图为从碾庄南门走出来的国民党军俘虏。

淮海战役第二、第三阶段
（1948年11月23日—1949年1月10日）

国民党黄百韬第七兵团被歼灭后，中央军委决心以中原野战军全力歼灭国民党黄维第十二兵团。华东野战军除了以第七纵队及特纵炮兵一部参加围歼黄维兵团作战外，另以华东野战军第二、第六、第十、第十一、第十三共计5个纵队南下宿县、西寺坡地区，阻击国民党李延年第六兵团、刘汝明第八兵团的增援；以华东野战军第一、第三、第四、第八、第九、第十二、鲁中南、两广8个纵队为阻援集团，于夹沟镇、符离集（镇）地区坚决阻击徐州杜聿明集团南援，保障中原野战军围歼黄维兵团。1948年11月28日，蒋介石下令徐州驻军第二、第十三、第十六共计3个兵团放弃徐州向江南撤退，徐州"剿总"司令官刘峙离开徐州到蚌埠指挥李延年第六兵团、刘汝明第八兵团再次北援。11月30日，徐州"剿总"副司令杜聿明指挥3个兵团30万守军放弃徐州，向西南沿永城、涡阳撤退。华东野战军发现国民党军撤走，即以7个纵队30万人发起追击、拦截，同时又从南线抽调3个纵队加入北线对杜聿明集团的围攻。12月3日，杜聿明在途中接到蒋介石的命令，向东南出击，解救黄维兵团。邱清泉第二兵团、李弥第十三兵团、孙元良第十六兵团不得不转进东南，4日，被华东野战军包围在永城东北部的陈官庄地区。6日，孙元良第十六兵团因协调错误自行突围，大部被歼灭。

12月5日，刘伯承、陈毅、邓小平下达总攻命令，以中原野战军及华东野战军第七、第十三纵队组成东、西、南3个突击集团，华东野战军特纵主力被分为两个炮群，分别支援东、南突击集团作战。6日，3个突击集团对黄维第十二兵团全线发起攻击。10日，华东野战军参谋长陈士渠带领第三、第十一纵队加入南突击集团，担任主攻，对黄维兵团作战。截至15日，歼灭黄维第十二兵团12万人，其中伤亡5.98万人，兵团副司令胡琏搭乘坦克突围出逃，兵团司令黄维被俘。

黄维第十二兵团被歼灭后，淮海战役转入第三阶段。

淮海战场第一、二阶段已消灭了国民党军34个师，邱清泉第二兵团、李弥第十三兵团的22个师被包围。为了配合平津战役对傅作义集团的分割包围，避免其迅速决策经海路南逃，华东野战军8个纵队严密围困杜聿明集团，同时进行战场轮番休整，为最后围歼杜聿明集团做充分的准备。1949年1月6日，在解放军完成了对北平、天津等地的分割与包围之后，华东野战军向安徽萧县青龙集（镇）、河南永城市的陈官庄（乡）地区被围的杜聿明集团发起总攻。9日，国民党军在20余架飞机的掩护下施放毒气，向西突围，解放军立即从四面八方向国民党军实行穿插分割的战法，突入杜聿明集团中心阵地陈官庄。10日，战斗结束，全歼邱清泉第二兵团、李弥第十三兵团共25万人，徐州“剿总”副司令杜聿明被俘，第二兵团司令邱清泉毙命，第十三兵团司令李弥逃脱。南线李延年第六兵团、刘汝明第八兵团随后放弃淮河以南、长江以北地区，撤往江南地区。淮海战役的胜利，使蒋介石在长江中下游以北的精锐主力损失殆尽，为解放军渡江作战奠定了坚实的基础。

1948年12月16日—1949年1月5日，淮海战场雨雪交加，华东野战军的8个纵队将徐州“剿总”副司令杜聿明率领的两个兵团围困于河南永城以东的陈官庄地区。其时，解放军采取围敌困敌的策略，向杜聿明部发动政战宣传与劝降攻势，为最后围歼杜聿明部做准备。

在淮海战役中，解放军战士用国民党军丢弃的鹿砦构筑工事。摄于 1948 年 12 月 16 日至 1949 年 1 月 5 日。

淮海战役期间，华东野战军将给养运送到战场上。摄于 1948 年 12 月 16 日至 1949 年 1 月 5 日。

淮海战役期间，华东野战军某部炮兵战士进行阵地总结，开展“为人民立功”的讨论。摄于1948年12月16日至1949年1月5日。

为了稳住北平、天津之国民党军，华东野战军暂停对被围困的杜聿明集团的攻击。适逢新年，华东野战军战地文工团歌唱演员马璇在战壕里为指战员演唱创作于淮海战役中的歌曲，鼓励战士们英勇作战，杀敌立功。摄于1948年12月16日至1949年1月5日。

淮海战役战斗间隙，战士们在战壕里用缴获的留声机听音乐。摄于 1948 年 12 月 16 日至 1949 年 1 月 5 日。

淮海战役期间，在陈官庄当地做小生意的孩子到前线战壕看望解放军。摄于 1948 年 12 月 16 日至 1949 年 1 月 5 日。

1949年1月9日，华东野战军第三纵队战士在运河东岸歼灭陈楼村守敌后，继续向西进击杜聿明、邱清泉部的指挥中心陈官庄。

1949年1月10日，淮海战役陈官庄战场一角。

1949 年 1 月 10 日，淮海战役中，杜聿明集团驻地陈官庄，被国民党军遗弃的山炮阵地。

1949年1月10日，在淮海战役期间，华野部队战后打扫战场，将缴获的枪支集中起来。

1949 年 1 月，淮海战役结束后，解放军慰问新参军的战士。

1949 年 1 月，解放军给在淮海战役中投诚的国民党官兵发生活用品。

1949 年 1 月，解放军给在淮海战役中投诚的国民党官兵发袜子及日用品。

1949 年 1 月，在淮海战役期间，陈官庄的老百姓向解放军痛诉国民党军队的罪行。

1949 年 1 月，在淮海战役期间，国民党邱清泉部驻地陈官庄的百姓向解放军诉苦。

1949年1月，在淮海战役期间，国民党刘汝明第八兵团溃逃时，摧毁了津浦路南段的淮河大铁桥，给解放军南下追敌和后勤给养运输造成了不小的困难。

67

1949年1月，在淮海战役期间，华东野战军架设浮桥渡过淮河，追击逃敌。

1949 年 1 月，在淮海战役期间，淮河上的船民们帮助解放军将车辆及重武器运送过淮河。

1949年1月，在淮海战役期间，淮河上的船民摇船送解放军过淮河。

孚泰和銅
世界書局

上图：1949 年 1 月 20 日，蚌埠市解放后，宝兴面粉厂马上恢复了生产，保证市民的粮食供给。
对页图：1949 年 1 月 20 日，蚌埠解放。图为华东野战军进入安徽省蚌埠市。

上图：1949 年 1 月 20 日蚌埠解放后，解放军某部召集蚌埠市原国民党警察，向他们讲解中国共产党的政策。

对页图：蚌埠解放后，流落异乡的农民拖儿带女攀爬上货车顶，开启返乡的路。摄于 1949 年 1 月。

人民的支援是革命战争胜利的根本保障

百万民众支援前线 战胜强敌是民心的胜利

淮海战役期间，华东、中原、冀鲁豫、华中 4 个解放区前后共出动民工 543 万人，动用担架 20.6 万副，大小推车 88 万辆，挑子 30.5 万副，牲畜 76.7 万头，共向前线运送 1460 多万吨弹药、9.6 亿斤粮食等军需物资。到了战役的第三阶段，解放军参战兵力与解放区支前民工的比例高达1 ：9。当时人民提出了“倾家荡产，支援前线，忍受一切艰难，克服一切困苦，争取战役的胜利”的口号。1949 年 2 月，在淮海战役的总结会上，陈毅就曾动情地说过：“淮海战役的胜利，是人民群众用小车推出来的！”战胜强大的敌人，是民心的胜利！历史再一次告诉我们，逆民心者亡，顺民心者昌，执政永远不能忘记人民。

淮海战役期间，支前民工奔赴前线。摄于 1948 年 11 月 23 日至 12 月 22 日。

淮海战役期间，支前民工担架队上前线。摄于1948年11月23日至12月22日。

淮海战役期间，淮海战区的支前民工在冰天雪地中为解放军运送粮食。摄于 1948 年 12 月 23 日至 1949 年 1 月 5 日。

淮海战区周围的民众送粮到前线，为打赢解放战争尽一份力。摄于1948年12月23日至1949年1月5日。

淮海战役期间，军民团结，同心协力；自己动手，丰衣足食。摄于 1948 年 12 月 23 日至 1949 年 1 月 5 日。

淮海战区周围的民众支援前线，为解放军磨军粮。摄于1948年12月6—19日。

淮海战役期间，为了前方能打胜仗，支前民工做好后勤保障，积极运送粮食到前线。摄于1948年11月23日至12月19日。

淮海战役期间，淮海战区的支前民工将柴草运往前线。摄于 1948 年 12 月 23 日至 1949 年 1 月 5 日。

淮海战役期间，淮海战区支前民工抓紧时间修路，支援解放军在淮海战场对杜聿明集团作战。摄于1948年11月23日至12月22日。

1949年1月20日，解放军进入蚌埠，淮海战役的胜利吹响了解放全中国的战斗号角。“打过长江去，解放全中国”的新目标即将成为现实。

（七）百万雄师过大江

渡江战役（1949年4月20日—6月2日）

辽沈、淮海、平津三大战役结束后，国民党正规军还有71个军227个师的番号，约115万人，加上特种兵、机关、学校和地方部队，总兵力204万人，其中能用于作战的部队146万人。而人民解放军的总兵力已发展到400万人，士气高昂，完全有把握在全国范围内战胜国民党军。

根据中共中央军委关于统一全军编制、番号的决定，1949年1月15日，中原野战军改编为第二野战军，华东野战军改编为第三野战军。淮海战役总前委直接转为渡江战役总前委。第二、第三两大野战军百万雄师经过一个月的休整，兵强马壮，粮草充足，在“打过长江去，解放全中国”的口号声中移师长江沿线地区，做好渡江战役前的准备。

参加渡江战役的解放军各部队于1949年3月先后进抵长江北岸，开展战役前的各项准备工作。进行形势任务和城市政策纪律教育；侦察国民党军的防御部署、长江水情和两岸地形；开展以强渡江河和水网稻田地作战为主要内容的战术、技术训练等。在中共中央华东局和中原局的统一部署下，地方各级党政机关竭尽全力动员和组织广大人民群众进行支前工作。到渡江战役打响前夕，共筹集各型木船9400余艘，培训了数千名由部队选调的水手，随军参战的船工即达1万余名，临时民工达300万人，山东及苏北解放区还组建了16个民工团随军服务。开辟了从湖泊通向长江的引河，船只隐蔽集结在江堤之下，从北岸控制了长江航道，为解放军主力部队开辟了渡江的道路。

国民党军在宜昌至上海1800余公里的长江防线上一共部署了两个重兵集团，有115个师约70万人的兵力。其中，汤恩伯集团75个师约45万人，布防于江西省湖口至上海间800余公里的地段上；白崇禧集团40个师约25万人，布防于湖口至宜昌间近1000公里的地段上。

3月31日，渡江战役总前委制定了《京沪杭战役实施纲要》，渡江作战分为东、中、西3个突击集团。以中国人民解放军第三野战军8个军35万人组成东突击集团，在粟裕、张震的指挥下，于扬中至靖江段渡江；以第三野战军7个军30万人组成中突击集团，在谭震林的指挥下，于安徽裕溪口至枞阳镇段渡江；以第二野战军9个军35万人组成西突击集团，在刘伯承的指挥下，于枞阳镇至望江段渡江。同时，第四野战军以第十二兵团约12万人组成先遣兵团，攻取信阳，威胁武汉，会同中原军区部队牵制白崇禧集团，策应第二、第三野战军渡江作战。

4月1日，国共双方代表团在北平开始谈判，拟定了《国内和平协定（最后修正案）》。20日，南京国民政府拒绝签字，人民解放军即遵照中共中央军委命令发起渡江战役。百万雄师东起江阴，西至九江湖口，在长达500余公里的战线上向江南国民党军发起进攻，强渡长江。

4月20日晚，人民解放军中突击集团首先在裕溪口至枞阳镇段发起渡江，21日占领铜陵、繁昌、顺安等地。激战至23日，第一梯队4个军全部渡过长江，并攻占南陵、芜湖等地，向宣城方向疾进。

西突击集团于21日下午6时在湖口至枞阳间突破国民党军江防阵地，控制了宽100余公里，纵深5至10公里的滩头阵地；于22日占领彭泽、东流等地，并解放了安庆，隔断了汤恩伯集团与白崇禧集团的联系。

东突击集团于21日晚发起渡江战役，在江阴至扬中段突破国民党军江防，第一梯队第二十三、第二十八、第二十九军突破国民党军防御后，击退国民党第四十五、第二十一、第一二三军的多次反扑，于22日进抵南闸、百丈镇一线，建立了东西50余公里、南北10余公里的滩头阵地，同时策动江阴要塞守军7000余人起义。第二十军由泰兴西北龙窝口至永安洲段起渡，22日攻占扬中。东突击集团至23日占领镇江、丹阳、常州等城，切断了宁沪铁路。

解放军全线突破江防后，国民党军一部向上海逃窜，一部向浙赣路溃退。国民党海军海防第二舰队司令林遵率舰艇25艘在南京以东江面起义，迫使国民党海军另外23艘舰艇在镇江江面投降，其余舰只逃向上海。23日午夜，人民解放军第三野战军第八兵团第三十五军经浦口渡江，占领了南京，宣告国民党政权的覆灭。27日午夜，人民解放军先头部队在吴兴附近会师，封闭了合围口。29日，由芜湖、南京、镇江地区南逃的国民党5个军，除沿途被歼灭一部外，其余被解放军包围在郎溪、广德地区，悉数就歼。5月3日，人民解放军第七兵团解放了杭州。5月12日，解放军第九、第十兵团发起上海战役，激战至27日，汤恩伯集团除约5万人经吴淞口登舰逃跑外，其余15万余人被歼灭，上海解放。6月2日，崇明岛解放，渡江战役结束。

渡江战役历时42天，人民解放军以木帆船为主要航渡工具，一举突破国民党军的长江防线，歼灭国民党军11个军部、46个师共43万余人，解放了南京、上海、武汉等大城市，江苏、安徽两省全境，浙江省大部地区，以及江西、湖北、福建等省部分地区，为之后解放华东全境和向华南、西南地区进军创造了重要的条件。

渡江战役打响前，中国人民解放军第三野战军各部按照《第三野战军京沪杭战役预备命令》的要求，从1949年2月下旬开始分路南下，向长江北岸预定位置集结。

1949 年 2 月，渡江战役打响前，第三野战军雪地行军，由蚌埠向扬州、泰州开进。

1949 年 2 月，第三野战军部队在雪地艰辛行军，向长江北岸开进。

1949 年 2 月，第三野战军第八兵团指战员踏着余雪未融的泥泞，冒着严寒，向长江边挺进。

1949年2月，第三野战军按中共中央军委的统一部署，沿津浦路南下，浩浩荡荡地开赴长江北岸，紧张有序地展开渡江战役准备工作。

按照《第三野战军京沪杭战役预备命令》的要求，各部队于1949年3月12日前抵达长江北岸集结位置，进行战前准备。图为1949年2月，第三野战军跨过淮河向长江北岸开进。

1949 年 2 月，在蚌埠市曹老集车站，第三野战军炮兵部队正待命开赴长江沿岸。

兵马未动，粮草先行。1949 年 2 月，在蚌埠市临淮关，解放军的大批粮车沿津浦路南下，被运往长江沿岸。

第三野战军于1949年3月12日前抵达长江北岸集结位置，进行战前准备。图为扬州群众呼喊着“祝同志们旗开得胜，马到成功”，热烈欢迎人民解放军第三野战军渡江南下。

1949年3月，第三野战军指战员通过由扬州群众搭起的胜利门。

1949 年 3 月，江苏省泰州市永安洲的群众夹道欢迎解放军参战部队。

“主动配合、相互支援，团结一致，战胜敌人。”1949 年 3 月，江苏泰州的老百姓支持解放军打过长江去，解放全中国。

上图：1949 年 3 月，渡江战役打响前，战士们和船工们一起演练快速升帆和落帆的动作。
对页图：1949 年 3 月，渡江战役打响前，船工指导解放军划船、掌舵及升降风帆。

1949年3月，渡江战役打响前，渡江部队的战士和船工们一起检查木船的质量，了解每一艘船的抗风浪能力。

1949年3月，渡江战役打响前，部队开展以强渡江河和水网作战为要点的军事训练。图为船工指导战士划船、掌舵。

上图：1949 年 3 月，渡江战役打响前，长江沿岸的船工们组织起船工大队，他们的口号是："把解放军送到江南去。"

对页图：这名老船工有几十年在江河中行船的经验，能够熟练避开险流和风浪。1949 年 3 月，渡江战役打响前，他主动请缨，为"渡江先锋连"第一船指战员撑船渡江登上南岸。

知己知彼，百战不殆。1949 年 3 月渡江战役打响前，第三野战军第二十军指挥员和参谋人员在渡江突击地段仔细观察扬中国民党军的防御工事、动态及敌舰的活动规律等情况。

准备渡江的解放军指挥员及战士在战前了解敌情、地形。图为 1949 年 3 月，渡江部队在江边侦察对岸国民党军的动向。

1949 年 3 月，渡江部队侦察员在侦察对岸国民党军的防御工事，掌握长江的水情和对岸的地形。

1949 年 3 月，第三野战军第二十军指挥员和参谋人员通过炮镜侦察国民党军在扬中的防御部署和动态。

1949 年 4 月，渡江战役前夕，第三野战军第二十军五十九师在永安洲举行誓师大会。战士们斗志昂扬，高呼进军口号，声震如雷。

1949年4月，渡江战役前夕，第三野战军第二十军五十九师在永安洲举行南征誓师大会。图为大会主席台。

1949 年 4 月，渡江战役前夕，第三野战军第二十军五十九师举行誓师大会。

1949 年 4 月，“打过长江去，解放全中国！”这是渡江战士发自内心的呼喊声。

1949年4月，第三野战军第二十军五十九师在永安洲举行南征誓师大会，士气高昂。

打过长江去
解放全中国

1949年4月，渡江战役前夕，解放军战士们斗志昂扬。

1949 年 4 月，渡江部队的战士以高昂的斗志准备战斗。

1949年4月21日，第三野战军第二十军五十九师二营渡江突击连的战士即将登船，他们要以最快的速度把“渡江先锋”旗帜插到南岸国民党军阵地上。

1949 年 4 月 21 日，战士们即将登船渡江，出征前斗志昂扬。

1949年4月21日，第三野战军第二十军五十九师渡江突击连中不熟悉水性的战士把长方形的洋油桶捆在身上当作救生圈。如果他们乘坐的木船被敌人的炮火击坏，就可以借助洋油桶的浮力渡江。

1949 年 4 月 21 日，第三野战军第二十军五十九师渡江突击连战士登船前的英勇形象。

1949年4月21日黄昏，第三野战军第二十军五十九师指战员与船工们登船待命，做好渡江战斗的准备。

1949 年 4 月 21 日，胸前佩戴“渡江先锋”标志条的指战员重任在肩，意志坚定。右一为第三野战军第二十军五十九师二营突击连战斗英雄林宁。

1949 年 4 月 21 日黄昏，第三野战军第二十军渡江部队按照作战计划起航。

1949年4月21日晚，渡江战役东突击集团自江阴到仪征一线渡江。图为乘坐木船准备出港的突击队。

1949年4月21日23时，第三野战军第二十军在泰州打响渡江战役，英勇的炮兵向对岸国民党军阵地猛烈开火。

第三野战军第二十军五十九师二营渡江先锋连在扬中突破国民党军江防阵地。摄于1949年4月22日。

蒋介石苦心经营的长江防线一夜之间被解放军渡江部队彻底摧毁。1949年4月22日，在扬中登岸的解放军发起冲锋。

1949 年 4 月 22 日，解放军占领圩堤，击退国民党军的反冲锋。

1949 年 4 月 22 日，在炮火的掩护下，解放军战士冒着枪林弹雨向扬中国民党军阵地进攻。

1949年4月22日，在渡江战役期间，攻入扬中的解放军奋勇涉水穿过纵横交错的河道，向溃逃的国民党军追击。

渡江战役期间，第三野战军第二十军由泰兴西北龙窝口至永安洲段起渡，1949 年 4 月 22 日攻占扬中，受到当地百姓的欢迎。

1949 年 4 月 22 日，行军路上时间紧迫，扬中的乡亲们给解放军战士送水喝。

“穿”军毯的树。1949 年 4 月 22 日，渡江战役期间，在扬中的树林里，解放军战士用军毯围捆好树干，防止军马啃吃树皮。

1949年4月22日，解放军占领扬中后要迅速渡过这条夹江，当地群众主动划船送战士们到南岸追击向杭州方向逃跑的国民党部队。

1949年4月22日，解放军准备过扬中夹江。

1949年4月22日，在扬中南岸送解放军部队过夹江的船列中，有一位梳着长辫的小姑娘紧握船橹，奋力划船，送解放军过大江。50年后查明，她的名字叫颜红英，当年19岁，参加渡江训练时，她的耳朵被国民党打来的炮弹片震伤，但她仍然留在前线。在渡江战役中，颜红英一家荣立二等功。

1949年4月22日，解放军辎重部队乘船驶向长江南岸。

1949年4月22日，解放军辎重部队船只渡过长江抵达南岸后，战士们在卸载物资。

1949 年 4 月 23 日晚，国民党政府丹阳县县长王公常逃跑时，以“通新四军”的罪名，在丹阳城新北门活埋、枪杀了 16 名共产党游击队员。图为 4 月 24 日，解放军占领丹阳后，丹阳群众将烈士遗体挖出来重新进行安葬。

1949年4月23日晚，图中妇女的家人被国民党残忍杀害，伤心得几乎哭断了肠。

1949 年 4 月 25 日，解放军在金坛快步追击向南溃逃的国民党军。

1949 年 4 月 25 日，在渡江战役中，解放军战士在溧阳勇猛地追歼国民党军逃敌。

1949年4月25日，从京杭国道向杭州方向溃逃的国民党军已经失去了战斗力。解放军把握战机，在追击中歼灭国民党军。

1949年4月25日，在南京至杭州的国道上，解放军战士不顾南逃的国民党军留下的大批炮车与辎重，继续前进追击国民党军有生力量。

1949 年 4 月 25 日，溃败的国民党部队沿南京至杭州的公路狼狈逃窜，被他们丢弃的火炮、车辆等军用物资阻塞了道路，皮箱和衣物散落一地。

1949 年 4 月 26 日，溃逃的国民党军斗志全失，听见枪声就成群缴枪投降。图为在宜兴、溧阳附近投降的国民党第五十一军之一部。

1949 年 4 月 26 日，溃逃的国民党第五十一军之一部在宜兴、溧阳附近向解放军投降后得到妥善安置。

（八）欢庆南京解放的历史瞬间

『总统府』上战歌飞扬 南京解放地覆天翻

南京解放

1949年4月20日渡江战役发起后，国民党军长江防线被解放军全线突破。22日下午，国民党实行总退却。解放军各路大军随即发起追击，于23日占领南京，宣告国民党政权的覆灭。南京市民欢欣鼓舞，列队迎接人民解放军入城。南京的解放，标志着国民党对中国22年的反动统治被推翻，翻开了历史新篇章。毛泽东在北平双清别墅闻讯后，欣然写下光辉诗篇——《七律·人民解放军占领南京》：

钟山风雨起苍黄，百万雄师过大江。
虎踞龙盘今胜昔，天翻地覆慨而慷。
宜将剩勇追穷寇，不可沽名学霸王。
天若有情天亦老，人间正道是沧桑。

《人民解放军占领南京》。这是一个历史性的镜头：1949年4月23日，人民解放军占领南京，国民党政权垮台。解放军战士在总统府门楼上放声高歌的场景，预示着一个民主、自由、繁荣的新中国即将建立。摄于1949年5月初。

南京解放，解放军战士把“总统府”里悬挂着的蒋介石画像摘下来。摄于 1949 年 5 月。

第三野战军战士从“中央银行”大楼前走过。摄于 1949 年 5 月。

第三野战军特种兵纵队的装甲部队开进南京下关车站，当地百姓和商贾夹道欢迎解放军。摄于1949年5月。

第三野战军特种兵纵队的坦克部队雄壮地通过南京市中心的新街口，南京市民争相观看这支属于人民的装甲兵部队。摄于 1949 年 5 月。

解放军坦克部队在群众的欢呼声中进入南京大街。摄于 1949 年 5 月。

解放军坦克部队通过南京市新街口。摄于 1949 年 5 月。

在挹江门前，进入南京的解放军受到市民们的热烈欢迎。摄于 1949 年 5 月。

在挹江门前，南京市民热烈欢迎第三野战军部队入城。摄于 1949 年 5 月。

南京市民站在坦克上欢呼，欢庆南京解放。摄于 1949 年 5 月。

学生和市民手举小彩旗，打着横幅，尽情表达对解放军进入南京的喜悦心情。摄于 1949 年 5 月。

南京学生用粉笔在解放军的装甲车上书写自己的感受。摄于 1949 年 5 月。

“解放区的天是晴朗的天，解放区的人民好喜欢。”解放军进入南京城，受到南京市民的热烈欢迎。摄于 1949 年 5 月。

解放军进入南京，受到市民热烈欢迎。摄于1949年5月。

从 1946 年 6 月 26 日国民党军 22 万人进攻中原解放区，全面内战爆发，到 1949 年 4 月 23 日解放军占领南京，历时只有 2 年 10 个月，天翻地覆弹指间。图为人民解放军进入南京。摄于 1949 年 5 月。

南京市民在南京市新街口庆祝南京解放。摄于 1949 年 5 月。

1949年5月10日，第二野战军司令员刘伯承（前左）在南京“总统府”大会议室里接见了在解放军渡江时起义的国民党海防第二舰队原司令林遵（前右）及其他高级官员。图为接见后宾主步出会议楼甬道。

“总统府”内的这个房间曾是蒋介石和国民党高级将领、幕僚开会的大会议室。摄于 1949 年 5 月。

南京解放后，解放军宣传队活跃在街头，城市到处回荡着人民欢悦的歌声。图为市民在“总统府”门口观看时代的变迁，热闹非凡。摄于 1949 年 5 月。

上图：解放军战士进驻原国民党中央党部。摄于 1949 年 5 月。

对页图：解放军战士进驻原国民党中央党部。摄于 1949 年 5 月。

中央黨部

上图：国民党“南京市政府”的牌子于1949年4月24日被摘下来，换上“欢迎人民解放军”的红色横幅，这是人民的选择。摄于1949年5月。

对页图：在国民党统治中国的最后时期，发行的金圆券如同废纸，物价一天涨几次，老百姓为买米吃饭发愁。南京解放后，物价稳定，民心稳定，中国人民银行发挥了重要作用。摄于1949年5月。

中央銀行
中國人民銀行南京分行
中國人民銀行南京分行

上图：在对南京的接管工作中，电信局职员、工人主动协助解放军清点物资。摄于 1949 年 5 月。

对页图：1949 年 4 月 23 日南京解放后，广大市民迅速掀起恢复生产、重建家园的热潮。南京铁路工人在完成本职工作的同时，又接受了市长刘伯承交给的光荣任务，加班加点抢修了一台被国民党军逃离前破坏的机车，并给这辆机车起了一个响亮的名字——上海解放号。图为 1949 年 5 月 31 日，南京铁路工人在即将开往上海的“上海解放号”机车前合影留念。

上海解放號

1949年5月31日，南京铁路工人风尘仆仆地将“上海解放号”列车从南京开到上海，交到上海同行手中，并在上海站的月台上举行了隆重的列车交接仪式。“上海解放号”为解放初期上海人民医治战争创伤，尽快恢复正常生产、生活秩序，做出了不可磨灭的贡献。

1949年6月2日，渡江战役结束后，南京市民热烈庆祝南京、上海、杭州解放。

1949 年 9 月 29 日，中国人民政治协商会议第一届全体会议一致通过的《中国人民政治协商会议共同纲领》（简称《共同纲领》）明确规定：“中华人民共和国经济建设的根本方针，是以公私兼顾、劳资两利、城乡互助、内外交流的政策，达到发展生产、繁荣经济之目的。”《共同纲领》在南京得到工商界和广大市民的热烈拥护。摄于 1949 年 9 月 30 日。

1949年9月30日，开国大典前夕，南京被服厂的200名职工承担了制作约1.8万面五星红旗的任务。她们满怀喜悦的心情紧张地奋战了一昼夜，顺利完成任务。1949年10月1日开国大典这一天，国旗飘扬在南京的大街小巷，飘扬在新中国南京的天空上。

1949 年 10 月 3 日，中苏正式建交，苏联成为第一个承认中华人民共和国的国家。南京人民上街游行，热烈庆祝中苏建立外交关系。

國人民
ДРУЖБА НАРОДОВ

为新中国而
战

一 为新中国而战

二 从大山里走出的战地摄影记者

三 峥嵘岁月的历史记忆——邹健东文集

四 壮丽的画卷 永恒的瞬间

附录 邹健东历史文物图片

为时代变迁捕光捉影的人

邹健东曾写文叙述："我从 1946 年拿起相机从事摄影记者工作开始，便以极大的热忱将镜头对准中国革命斗争和历史的巨变。"他确实如此，一直践行着自己的诺言。

一

1915 年，邹健东出生在广东大埔的一户农民家庭里。由于家境贫寒，15 岁的邹健东没有读完高小便离开家，来到邻近的梅县松口镇，在一家照相馆里当学徒。

那时候，照相全靠自学。邹健东在照相馆里读了一本名为《照相学》的书，书中详尽介绍了胶片的结构、光学成像的原理及照片的漂染、冲洗、制作等技术。通过学习这本书，加上不断探索，他学会了摄影技术。当时，他还写信给位于上海圆明园路的柯达公司索要《柯达杂志》和《矮克发杂志》，通过阅读摄影杂志开阔视野。

广东是民主革命的发祥地，具备特殊的革命条件。1927 年，中国共产党领导的八一南昌起义军欲进军潮汕开辟根据地，在大埔县三河坝与国民党军血战三昼夜。起义军开赴潮汕，以及朱德和陈毅率部队返回江西时，都经过了邹健东的家门口。这支起义军经过长途跋涉，在井冈山与毛泽东率领的工农革命军第一军第一师会合，成为中国革命的星星之火。这一切在年少的邹健东心里埋下了革命的火种。

据邹健东回忆，1929 年，在闽西与粤东交界的永定革命高潮时期，红军常常打到家乡的边界。受土地革命影响，学校里的学生组织了少先队和劳动童子军，回家要唱歌、宣传、写标语。当时，村子里有人参加了红军。进步的教员告诉他们，国民党压迫人民，共产党为穷人打土豪、分田地，反对买卖婚姻。在"劳工神圣"口号的影响下，邹健东明白了工农的辛苦和伟大，他要帮助工农，要和工农一样不做"寄生虫"。

1931 年"九·一八"事变及 1932 年"一·二八"淞沪抗战爆发后，抗日烽火燃遍粤东，激发了邹健东的爱国热情。在中华民族多灾多难的年代，国家危亡，人民思变。1934 年，他积极参加地下党组织的大众读书会，阅读新文化运动中的进步书刊，进一步接受爱国主义和反帝反封建的思想。邹韬奋主编的《生活周刊》及其发表的文章揭露了当时国内的一些问题，激励年轻人上进。他印象最深的是蒋光慈的《少年漂泊者》、亚历山大·绥拉菲靡维奇的《铁流》，鲁迅的小说，以及《读书生活》《新生》《永生》等刊物。著名记者戈

1949 年春，邹健东于淮海战役结束后留影。

公振所著的《从东北到庶联》中有关社会主义的介绍对邹健东产生了非常大的影响。他极为关注报纸对社会底层农工生活惨状的报道，耳闻目睹了其姐姐几次被卖，饱受摧残和欺凌，最后投河自尽的悲惨遭遇，这让他萌生了参加革命队伍的念头。

1930年，15岁的邹健东来到广东梅县松口镇的一家照相馆当学徒。

1935年，“一二·九”运动爆发，抗日救国运动很快波及全国各地。邹健东从报纸上看到了爱国学生宣传抗击日寇的图片报道，他感悟到新闻图片对人民群众有很大的鼓舞和教育作用。用手中的相机唤醒民众、救亡图存以及当摄影记者的志向就此埋藏在他的心底。1936年，邹健东参加了中国共产党的秘密组织义勇军，他的爱国热情和革命思想得到了升华。1937年2月，他在梅县加入了中国共产党，成为一名光荣的革命战士。

1937年，日本军队在卢沟桥制造“七七”事变，发动了全面侵华战争。8月13日，日本军队在上海发动了“八·一三”事变，淞沪会战最终导致上海彻底沦陷。在全国人民强烈要求团结抗日的巨大压力之下，国民党终于同意将南方8省14个地区的红军游击队编成一个军（新四军）开赴抗日前线。

1937年12月25日，新四军军部成立。1938年2月，中国共产党梅县县委决定，派邹健东和其他5名同志到福建龙岩参加新四军，东进抗日。邹健东成为新四军二支队政治部宣传队的一名革命战士，在部队指战员和群众中宣传党的抗日主张。在革命队伍中，邹健东发现，战士们虽然穿得少，但无论走到哪，干起工作却热情高。遗憾的是，那时候邹健东没有相机，无法记录下那些感人的场景。

1938年4月初，二支队抵达皖南歙县岩寺，宣传队并入由朱克靖领导的新四军战地服务团。5月上旬，军部从岩寺出发，经过半个多月的行军，于6月初到达南陵县土塘村。1938年8月2日，叶挺率新四军军部机关进驻泾县云岭村。此时，新四军全军共10329人，辖4个支队及军部特务营，但只有6200余支枪，许多战士还以大刀、梭镖为兵器。

1936年，在广东松口照相馆当学徒的邹健东。

二

1938年夏，遵照叶挺军长的提议，新四军副参谋长周子昆在司令部建立摄影室，负责摄影工作的是来自上海的田经纬同志。摄影室有两项任务，一是用图片对外宣传新四军在前方作战取得胜利的情况，批驳国民党散布的所谓“新四军游而不击”的谰言；二是为新四军排级以上的干部拍摄半身像，贴在干部登记卡上。军部摄影室只有两台相机，一台是禄来相机，主要由田经纬用于拍摄领导人、重要活动和部队训练等；另一台是照相馆里用的木制座机，主要用来拍摄人物半身像和会议合影。1939 年 3 月，摄影室新来了一位女同志——陈菁，她也来自上海。1939 年秋，叶挺提议在军部摄影室设立摄影合作社，叶挺、项英、陈毅等人带头捐资入股，用于购买照相器材。个人拍照、冲印照片都要记账、收费。红军老战士、老领导从前线回军部开会时，都可以拍摄纪念照。邹健东和路竹同志从新四军军部教导总队调到军部摄影室工作后，有了更多与军部领导人接触、交流的机会。新四军一支队司令员陈毅来到军部，经常和大家谈论摄影，他认为摄影是革命事业的一部分，非常重要。叶挺军长喜欢摄影，有一台配着标准镜头的徕卡相机，他对胶卷冲洗的细节要求较高。叶挺军长对他们说，要多拍部队指战员的生活和作战情况、军民关系的照片，以及重要的合影和人物照片。他强调，照片是重要的历史资料，要利用各种关系和办法把照片送到大后方，在各种刊物上发表，进步的报刊尤其热衷于报道在敌后作战的新四军。叶挺军长对照片作用的理解深远。20 世纪 80 年代，叶挺之子叶正明代表全家将长期保存的 1800 幅叶挺摄影作品全部捐献给中国人民革命军事博物馆。

1939 年 2 月 23 日，周恩来从重庆到皖南新四军军部传达中共中央六届六中全会关于“向南巩固，向东作战，向北发展”的战略方针时，与新四军领导人叶挺、陈毅、粟裕、朱克靖、傅秋涛的合影就是由军部摄影室的田经纬拍摄的。合影中的领导戎装挺拔，英姿勃发。非常可惜的是，由于皖南事变，这一时期存档于军部摄影室的珍贵图片资料全部毁于战火。田经纬被俘，囚禁于上饶集中营直至牺牲。

三

1940 年 12 月初，皖南局势紧张，邹健东随军部教导总队及军部直属队经苏南向苏北转移。1941 年 1 月 6 日，震惊中外的皖南事变爆发。1 月 20 日，中共中央军委发布重建新四军军部的命令，任命陈毅为新四军代理军长，刘少奇为政治委员，继续领导新四军坚持长江南北的抗日斗争。5 月 20 日，中共中央东南局与中共中央中原局合并，正式成立中共中央华中局，邹健东被调至中共中央华中局宣传部工作。1941 年 7 月，中共中央华中局在盐城创办党校，邹健东在华中局党校特务连任指导员。1941 年 10 月第二期培训班开学，邹健东在华中局党校学习。结业后，邹健东在华中局党校校务处任副官，处长是钱俊瑞。

1937 年 2 月，邹健东在广东梅县加入了中国共产党。

陈毅代军长和宣传部长彭康对摄影工作十分重视，让他重建摄影机构。但政权初建，经济困难，没有器材和经费。当时，军部特务团参谋长张云龙向军部首长打报告，拟买一只闹钟，供司号员准时吹号出操。陈毅代军长在报告上批了一句："严整军纪，笔下无情。"赖传珠参谋长更有趣，在报告上批复："准买公鸡一只。"可见当时经费之困难，更别提购买摄影器材了。因为经费不足，再加上日寇的"围剿"，军部时常转移，摄影工作没能开展起来。

1941年11月24日，中共中央华中局书记、新四军政委刘少奇在华中局党校作《中国革命的战略与策略问题》的报告。参谋长赖传珠把自己的禄来相机交给邹健东，让他把刘少奇作报告时的情景拍下来。完成拍摄任务后，邹健东把相机和底片交给了赖传珠参谋长，洗印出的样片交给了华中局党校副校长彭康。遗憾的是，这些底片在日军"扫荡"时遗失了，万幸的是彭康保留了样片。我们现在看到的《刘少奇在中共中央华中局党校作〈中国革命的战略与策略问题〉的报告》珍贵照片就是后来翻拍的。

在那段时间里，邹健东在新四军军部，在淮河两岸，时而任教务，时而作宣传、搞民运。邹健东后来回忆说："当时没有机会用相机记录下来，确实是个遗憾。但对我个人来讲，并不后悔，因为我在新四军军部的许多部门工作过，这是很难得的积累经验的机会。对我的人生起到很大的作用，还锻炼了我的观察能力。虽然没有照相机，但我经常在头脑中按动快门。看到好的场景、感人的场面和人物，我的脑子就是一台常备不懈的照相机，一切都拍在了脑海里。"

1943年11月，陈毅军长离开军部去延安汇报工作时，把一台徕卡相机留了下来。邹健东曾用它和从联络处要来的一些电影胶片，在淮阴拍摄了一些照片。抗日战争胜利后，1945年10月28日，新四军军部北移山东临沂，并从12月3日起兼山东军区领导机关。1946年1月，邹健东主动要求从新四军总兵站第二站副站长的岗位上调到山东画报社，终于当上了摄影记者，真正拥有了一台相机，从此开始了职业摄影的记者生涯。

1946年，邹健东采访拍摄的重点是山东临沂的土地改革。解放区农民土地改革分田、拥军参军，那一批照片非常珍贵。因为他出身贫苦农民家庭，拍摄土地改革的照片，更容易找到情感上的共鸣。看到老百姓翻身做主人的喜悦，他也会感同身受。邹健东用镜头记录了土地改革的过程和成果，土地改革让数千年来"耕者有其田"的理想变为现实：贫苦农民在翻身会上诉说被地主剥削的苦难；农民丈量土地，把田亩牌插在分到的土地上，土地"回家"变成了现实；

翻身农民手捧解放区政府发放的土地证，从心底里感谢中国共产党；男子开荒种地，妇女读书识字；姑娘买花布做新衣；互助组的农民在田间吃饭；村庄集市繁荣，农民喜气洋洋；大爷送儿去参军，妻子送郎上战场。

那时候，常常一到晚上，邹健东就在老百姓的房子里冲洗胶片，白天则用玻璃板夹着底片和相纸，借用日光曝光洗印照片，还把土地改革、翻身农民参军的照片制成幻灯片进行放映。很多画报社的同志还是第一次见到这样的幻灯片。邹健东的摄影作品以情感人，深入人心。

1947 年 1 月，邹健东调至新华社华东野战军前线总分社任摄影记者，直接深入人民解放战争的前线进行采访。1947 年初，鲁南战役攻歼国民党军第一快速纵队，邹健东和部队一起行动。鲁南战役打得很痛快，国民党军还没有来得及摘下大炮的炮衣，就被打败了。这是国民党军向解放区发动全面进攻后，邹健东作为战地记者第一次走上这么大的战场。他异常兴奋，活跃在战场的各个角落，拍摄了如《第一快速纵队的下场》等许多令人激动的画面。后来，他和新华社的文字记者四人合写了《蒋军快速纵队之歼灭》一文，在 1947 年的《大众日报》头版刊用。邹健东在战场上所拍摄的精彩画面受到新四军首长的称赞。

四

解放战争时期是邹健东摄影创作最为活跃的时期。他身背相机，冒着生命危险跟随华东野战军转战南北，驰骋华东各大战场。参加了反击国民党军向解放区全面进攻的鲁南战役及莱芜战役；粉碎国民党对山东重点进攻的孟良崮战役；外线出击的沙土集战役，进军豫皖苏战役，平汉、陇海路破击战，洛阳战役；中原歼敌的开封战役、睢杞战役；战略决战的淮海战役；向全国进军的渡江战役及南京解放等重大战役。

在华东战场上，邹健东在人民解放军与国民党军战场决战的第一线，目睹了蒋介石独裁统治全面溃败、覆没的历史过程，拍摄了大量的珍贵照片，有许多画面被载入共和国史册，成为不朽的经典。例如，在孟良崮战役中，拍摄了《华东野战军向孟良崮疾进》《敌人就在那里》，成为华东野战军于重兵围剿的险恶环境下歼灭国民党主力整编师的生动纪实；在开封战役中，与华东野战军第八纵队攻城突击队一起向开封城小南门进击，拍摄了坚守突破口，击溃国民党军反击的激战场面；在淮海战役中，与华东野战军第八纵队六十七团突击队战士一同涉过寒冷刺骨的水圩，拍摄了他们向黄百韬兵团司令部所在地碾庄圩的前沿阵地发起冲击，直捣兵团司令部的英雄壮举；在恢宏的渡江战役沙场上，

1947年2月23日，莱芜大捷后，邹健东（左三）与战友王甸（左一）、郝世保（左二）、季音（左五）在周村宅院内留影。

1948 年，邹健东于中原战场（头戴风镜者）与战友合影。

1981 年 9 月 14 日，邹健东采访华北军事演习时的留影。祈宝龙摄。

他捕捉了《百万雄师过大江》《我送亲人过大江》《人民解放军占领南京》等众多被载入史册的历史瞬间。在解放战争的战场上，邹健东荣立二等功。

要为大变革时期的历史留存影像，一直是邹健东创作激情的动力来源。除了随军拍摄战争场面之外，他还把视角对准了人民群众的生活和百姓对解放军的支援。他说："我拍摄的这些照片，体现了我对摄影的理解。我是处在那个时代的人，对当时社会生活的体会特别深，我想为大变革时期的历史留下一些影像。"在孟良崮战役中，山东老大娘给伤员喂饭；在豫东战役中，河南老大爷和青壮年给行军作战的解放军战士送水；在济南战役中，鲁西南的民众一边躲避战火，一边帮助解放军修筑阻击国民党进攻的防御工事；在淮海战役中，百万支前民工推着小车给解放军送粮食，抬着担架运送伤员；在渡江战役前线，数以万计船工像《我送亲人过大江》里大辫子小姑娘一样，冒着敌人的炮火奋力划桨，送解放军百万雄师过大江。这是"淮海战役的胜利是人民群众用小车推出来的"真实写照，充分说明了人民解放战争的胜利与解放区人民群众无私的支持是密不可分的。

品味邹健东的战地摄影作品，每一幅画面都充盈着浓烈的战斗气息，跃动的画面讲述着感人的故事，不同的画面组合勾画出历史的轮廓，这部影集生动地讲述了一个大时代的变迁！这些照片是中国人民革命的历史，是人民军队反对国民党反动统治的斗争史，是历史变革时期中国社会状况的真实写照。

邹健东为形象记录建立新中国、推翻国民党统治的历史做出了贡献。1988 年，荣获中央军委颁发的二级红星功勋荣誉章；2004 年 12 月，荣获中华人民共和国文化部颁发的"造型艺术成就奖"，评委会认为："邹健东出生入死，严格把握事实的真实性和形象的真实性，为中国革命留下了大量弥足珍贵的历史文献和艺术作品。"

邹健东说："我深深地爱着摄影，不愿放弃手中的相机，背着相机投身革命是我人生最大的幸福，是我人生价值最充分的体现。"

邹健东是一个用影像记录历史的人，使瞬间变为永恒，成为经典。

为新中国而
战

一 为新中国而战

二 从大山里走出的战地摄影记者

三 峥嵘岁月的历史记忆——邹健东文集

四 壮丽的画卷 永恒的瞬间

附录 邹健东历史文物图片

快镜在战火中闪亮

日本帝国主义继1931年“九·一八”事变强占东北后，加紧侵略全中国。中国共产党发出全民抗战的号召，促成了国共两党第二次合作，结成抗战民族统一战线，共同挽救民族的危亡。1937年7月7日，卢沟桥的枪声揭开了中华民族全面抗战的序幕。9月，八路军首战平型关告捷，而后成立新编第四军。这两支由中国共产党领导的军队与国民党领导的爱国军队并肩作战，振奋了全国人民的心。炎黄子孙为了民族生存，不惜牺牲，奋战在抗日的前线和敌人的后方，终于迫使日本帝国主义于1945年8月15日宣布无条件投降。至此，中国人民的抗日战争获得了彻底的胜利。

驰骋华东战场的新四军，东临大海，西屏武当，南连浙赣，北至陇海，战旗飘扬在江淮河汉的广大地区。

新闻摄影作为打击敌人的有力武器，也在抗日的烽火中放射出它的光芒。新四军的摄影工作者在新型的人民军队中，在祖国美丽的土地上，满怀豪情地运用特殊的武器和拿枪的战士并肩战斗。摄影工作者们活跃在硝烟弥漫的战场上，扎根于千百万军民中，以对祖国、对人民、对战士的无限深情，用他们的快镜记录下了新四军及华中人民在全民族抗战中所走过的英勇而曲折的道路，记录了伟大时代变革的风云和胜利的历史脚印。这些展现在眼前的真实、生动的画面，体现了华中军民为取得抗战的胜利、为实现社会主义和共产主义的崇高理想所表现出的无私的献身精神。当年这些战斗生活的生动画面今天已成为珍贵的历史影像，也是祖国人民珍贵的精神财富。这些照片的拍摄者，有新四军的专职摄影师，有上海及其他各地的进步记者，有军队中爱好摄影的指挥员，还有国际友人史沫特莱等。遗憾的是，在1941年皖南事变中，留在皖南新四军军部的底片资料全都被战火焚毁了。

人民战争要求摄影作品反映军民在敌人后方作战、工作的情景，将真实、生动的形象留在人民的心里，能升起人民心中的火焰，激发人民的热情，去为战争的胜利奋斗。新四军的军首长很重视摄影这种艺术形式的作用。皖南新四军军部设有摄影室，负责人有田经纬、陈菁、路竹、邹健东等。叶挺军长爱好摄影，他有一台徕卡相机，常常带在身边，他用相机记录下了皖南军民的风貌。下连队看到部队练兵、战士学习文化和军民亲如一家的动人情景，他就会拍摄下来。他经常来摄影室，有一天晚上，他和我们谈冲洗135胶卷的方法和经验。他说，想要胶片银粒细，必须用D-76配方和显影罐，严格控制温度。这不仅是对我们的关心，也是一次对我们很有帮助的教育。项英副军长下部队拍摄的照片冲印出来后，他认真地告诉我们照片里的人物姓名和革命斗争的经历，他很重视照片鼓舞士气的

1949年，邹健东于南京留影。

作用。陈毅、粟裕同志从前方回来时，总是会抽空到摄影室看望我们。有一天晚上，陈毅同志来摄影室坐了很久，那时我们正筹备摄影合作社，他热情地支持我们，并亲自写了入股单。有一天上午，粟裕同志从前方回来，到摄影室看望大家，正好碰上我们在学习，军部的青年干部喜欢军事，于是请他讲遭遇战的战法。新四军首长对摄影的关怀和重视，更激励我们满怀热情地工作，献出青春年华。田经纬同志对摄影工作认真负责，对党忠诚，在皖南事变中被俘，因患有肺病，被敌人折磨后，牺牲于集中营。他在皖南新四军军部拍摄了许多珍贵的照片，为抗战、为军史做出了贡献。

皖南事变后，在苏北盐城重建新四军军部，陈毅军长和中共中央华中局宣传部长彭康同志很重视和关心摄影工作。在“敌伪顽”的夹击下，日寇又频繁“扫荡”，经济来源困难，没有经费买胶卷和摄影器材，因此工作没有开展起来。但彭康同志很有远见，他认为党和革命需要摄影工作，于是留下了摄影干部。第四师的张爱萍师长爱好摄影，在淮北平原上，他用任泊生从上海带来的一些胶卷拍摄了许多生动的镜头，为新四军的军史增辉添色。1945 年之后，在苏中区党委从事摄影工作的同事有陆仁生、苏正平、陆明、王继荣、蒋君毅等，他们在解放战争中同样做出了积极贡献。

抗日战争胜利已逾 40 年，搜集这些照片时，深为照片中的人物事迹所感动，每张照片都凝聚着华中抗日军民的血汗。这些照片仿佛有生命，有声音，我们似乎能从中听到悲愤杀敌的呼声，能感受到新四军指战员和根据地人民“革命流血不流泪”的豪情。长江碧血流不尽！这是伟大中华民族的精神，在中国共产党的领导下，新四军干部、战士英勇作战、不怕牺牲，与广大人民群众共同奋斗中，我们赢得了战争的胜利。继续发扬这种精神，也一定会取得社会主义现代化建设的胜利。

（1987 年《大江南北》前言，刊于 1998 年 1 月《摄影文史》）

风云激 情谊深——奔向苏北

1937年7月7日，卢沟桥的枪声震动全国和世界，不愿做亡国奴的中国军民奋起反抗日本侵略。国民党为了剿灭异己，长期进行内战，对抗战毫无准备。自“七七”事变后，仅几个月，国民党就失去华东、华北各大城市，连南京都守不住，逃到重庆躲起来了。

为了中华民族的生存，中国共产党领导的在南方8省的红军游击队，于1937年10月改编为新四军，开赴敌后抗战。全军驰骋华中战场，上海虹桥燃起了新四军烧毁敌人机场的硝烟，南京雨花台响起了新四军打击日寇的枪声。新四军得到华中人民的支援，点燃了中华民族抗战的希望之火，新四军从而发展壮大。

抗战时期，蒋介石为了一党之私利，不顾民族危亡，发起两次反共高潮。新四军的处境极其艰难，既要对日寇和伪军作战，又要提防国民党军队的袭击。1940年10月，蒋介石下令让江南的新四军在1个月内全部撤至黄河以北，阴谋在北撤中消灭新四军。

1940年，我在皖南军部教导队做民运工作，蒋航之为组长，我为党小组长。12月9日，我和教导队的教职员、医务工作者在薛暮桥同志率领下先行北撤，经苏南茅山地区根据地，然后渡过扬子江，来到苏北盐城。

一

告别了云岭，告别了战友和乡亲们……为了民族大义，为了抗战胜利，我们先行了。但乡亲们的情谊留在了心里，云岭春天盛开的杜鹃花和白云绕山崖的美景留在了心里。在这里，我们曾一起战斗、一起度过艰难的岁月——1939年10月，皖南军民为保卫繁昌，与日寇苦战20天；1940年4月，日军向军部驻地南陵、三里店“扫荡”，激战父子岭和汀潭，之后日寇向泾县败逃，叶挺军长率领部队猛追，打垮了日寇，收复了泾县城。我们将足迹留在了这里，我们不愿离开它，背起的行囊好似沉重了许多，涉水青弋江，脚下的流水好似更湍急了，举步维艰，这是难舍的情感。现在我们奔向苏北战场，情难忘，一定会胜利归来。

离开云岭，到苏南茅山根据地，我们跋涉了7天。途经友军和国民党顽固派军队的防区，还有日寇的封锁线溧武路，险象环生。1940年12月15日黄昏，我们从竹箦桥出发，向日寇的封锁线溧武路行进，一晚行军130余里。半夜下起了瓢泼大雨，伸手不见五指，体壮的同志搀扶着体弱的同志，慢慢摸索着往前走。这场雨虽给行军带来了困难，但也制造了通过敌人封锁线的机会。由于雨太大了，敌人蜷缩在碉堡内，没有出来巡查，我们的部队顺利地通过了封锁线，到达茅山抗日根据地。

抗日战争时期，邹健东在苏北。

那时，主力部队到苏北敌后去了，只有地方武装坚持斗争。日本鬼子不断出来“扫荡”，封锁了长江和京沪路。我们这1000多名干部难于渡江，于是穿上便衣住在老乡家里“打埋伏”，白天到地里帮助老乡锄草、车水等，待机分批过江。敌人包围村庄时，老乡们都极力保护我们。当敌人询问穿便衣的新四军的身份时，大娘会说“这是我的儿子”，姑娘则说“他是我的丈夫”，掩护我们躲过敌人的搜捕，真正体现了人民与新四军在危难之中的鱼水情深。

二

我们在句容农村老乡家里度过了1941年的春节，听到了令人痛心的消息，新四军军部在茂林山区被国民党顽固派的军队围歼，叶挺军长被扣押，项英副军长、周子昆副参谋长、袁国平主任牺牲。

这个消息让我心里一惊，我觉得这不是真的，因为我相信我们的部队有强大的战斗力。新四军初建时，国民党图谋将新四军调到大江南北的敌人后方，借日本人的手来消灭人民的军队。然而这支新型军队在作战中和人民血肉相连、危难相依，受到人民支援拥护而壮大起来，成为大江南北抗战胜利的力量和民族的希望。因此，国民党反动派下毒手是有可能的。

叶挺军长在指战员的心目中是英雄。20世纪30年代，陈炯明在广州叛变时，叶挺指挥卫士营英勇反击，保卫了孙中山和其夫人宋庆龄的安全。他是北伐军革命的名将，从广东打到武汉，他的先锋团一路攻城斩将，战无不胜。蒋介石叛变革命后，周恩来等领导八一南昌起义，他任前敌总指挥兼第十一军军长；广州起义时，叶挺是总指挥；在皖南反“扫荡”，他亲临前线指挥，部队猛打猛冲，粉碎了敌人的“扫荡”，收复泾县县城，取得胜利。

项英副军长曾经参与领导“二七”大罢工，是中央苏区的领导人之一，坚持南方三年游击战争，久经考验。他艰苦奋斗的精神受到指战员们的敬佩。

皖南新四军是民族的精华，我相信他们是无敌于天下的，不会被敌人歼灭。半个月后，消息被证实是真的，真是千古奇冤啊！在国难当头之际，蒋介石居然向抗日的新四军痛下毒手，这笔账一定要清算。

三

皖南事变后，日伪军知道茅山根据地有2000名新四军干部寻机渡江到苏北，于是加紧了搜捕行动。而熟悉渡江之道的交通员只有数人，为了保证安全，教导队党组织通知各队，寻求其他路径渡江。教导队老吴的哥哥在上海当工人，住在闸北，告诉我们可从上海乘轮船到苏北，这是一条可走之路。茅山区政府给我们发路费，于是我和老吴告别了茅山，走了30里路进了高资，到车站买了去上海的火车票。

这里的一切都与根据地不同，人们的脸上失去了笑容，露出惶恐的神色。露天月台上有位老大妈，她的竹篮里放着一只大母鸡，正坐在地上，不知是等火车还是卖鸡。一个穿着毛料军装的伪军校官走过来，直盯着那只鸡，大妈对他说："我只有这只鸡啦。"那个伪军官自言道："在乡下你就不得好死。"

路上只能听到火车的鸣笛声，车轮的哐当声，日本鬼子和伪军走路的皮鞋声。上车的旅客一个挨着一个慢慢前行，生怕发出响声引起注意。我上了火车后，找到座位坐下来，向车窗外眺望，感觉山河破碎。铁道旁拉起了铁丝网，挖了壕沟；重要的路口设有碉堡，日伪军把守；车站有日伪军驻守、巡逻。我们在日寇的铁蹄下受尽屈辱，心里充满了愤恨，希望早日到达苏北，与日寇血战沙场。火车到达上海已是22点多了，老吴带着我去找他的哥哥。马路上灯光暗淡，除了大洋行商店灯火通明，其他的店铺都关门了。

在闸北一条脏乱的街区上，有几栋二层楼，老吴带着我找到了他哥哥的家。他哥哥家住的是阁楼的顶层，最高处只有1.5米，进屋后都得低头弯腰走路。他们全家6口人，但只有一间房，睡在用木板架起的通铺上，他哥哥的女儿和女婿睡在墙角边的地板上。

日本兵常来这里的贫民区抓民夫。上海马路的每个十字路口都有一个岗亭，日本兵在里面坐着，行人经过时，戴帽的要脱帽行礼，不戴帽的要鞠躬行礼。他哥哥一家人都是打零工的，当时的大米很贵，每餐都吃菜饭。老吴告诉我，暂时去不了苏北，便帮我领了一本"良民证"。住了一个星期，我便乘坐京沪线的火车离开上海，回到高资周殿青老板的牛肉店里。

周老板对我很友好，他是帮会中爱交朋友的人，我在他的掩护下很安全。我在他的店里住了一晚，他说："你要找新四军，我帮忙找人送你过江。"第二天，我吃了早饭后又回到"白区"。正好遇到教导队的邓洁等5人，他们也要过江。能与他们相会，我感到很幸运。周老板请向导送信到安徽天长县，那里有新四军。

大约过了几天，我们找到了镇江市中共地下组织洪区长，说了想要过江的事情，他表示同意，发了6个人的路费，又给高资镇自卫团团长写了一封信。这次过江由汪大然负责，他是教导队的军事科科长，我们几个人的路费都由他统一安排。往高资赶路的那一天，一位精明能干的大嫂作为我们的向导，她走在前头，我们（三男三女）前后错开走，就好像三对夫妻走亲戚。快到高资时，我们遇到了歹徒，汪大然被截在路边搜身，被抢走了一部分路费，但好在人员安全。这段小插曲，让我们变得更加小心。

最终，我们历尽艰辛过了江，找到了苏北根据地，回到了自己的部队。

（刊于《铁流》第 39 辑）

人民，革命战争的坚强后盾

1947 年 5 月，国民党军集中 24 个师 45 万人马，以宽大密集的队形布阵，向山东沂蒙山区华东野战军发动重点进攻，企图达到与华东野战军主力决战于鲁中或迫使其北渡黄河的目的。蒋介石的王牌军、骄横的第七十四师师长张灵甫急功冒进，率七十四师意图实现中央突破，与其友邻部队脱离数十公里。陈毅、粟裕首长根据敌情的变化，发现有利于华野部队围歼强敌的难得战机，神速调集部队楔入、穿插，以 5 个纵队的兵力包围七十四师于孟良崮以南，以 4 个纵队的兵力钳制两翼之敌。国民党又以 40 余万人的绝对优势兵力，形成对华野部队反包围的态势。战役布局犬牙交错，险象环生，惊心动魄。

我是这次战役的摄影记者，跟随华东野战军第二纵队，执行保障第八纵队侧翼的安全，阻击国民党第八十三师向孟良崮逼近的“打援”任务。在战场上，可以听到主攻部队的炮声，国民党援军向我阻击部队进攻时侦察机、轰炸机那撕破天空的轰鸣声、炸弹的爆炸声，以及我军阵地上机枪声、炮声。支前民工穿梭于战火中把伤员抬下来抢救包扎，大娘和大嫂煮饭、烧汤，喂伤员。和平的村庄在国民党部队的进攻下成为战场。

5 月 16 日上午，华东野战军第二纵队炮兵团一连连长的施夫俊接到上级命令，用炮火摧毁驻扎在对面村庄刘家河疃商店里的国民党第八十三师第十九旅第五十六团的指挥所。战士们迅速做好一切准备，只等施夫俊连长下达命令。但当时的施夫俊心中焦虑，因为他不清楚村里的国民党军指挥所的具体位置。就在这紧要关头，一位老大娘冒着敌人飞机和炮火的轰炸向我炮兵阵地跑来。她对此地的村落、农舍和国民党军指挥所的位置了如指掌。她紧挨着炮兵连长，从容不迫地指点着炮击目标。炮击时，老大娘没有离开阵地，她想看着战士们开炮，看着国民党的指挥所被炸毁。当时，我在现场看到了这感人的一幕，并用手中的相机迅速抢拍下来。由于当时的胶卷很珍贵，所以只抢拍了这一张（见本文末照片）。

在战场上，要拍到一张好的新闻照片很不容易。它虽然被拍摄于瞬间，但靠的却是摄影师长年累月的思索。这个画面之所以被我捕捉到，是因为我经过了长期的经验积累才会有感而拍。在革命战争中，我亲身体会到，人民是革命战士的重生父母，是我们进行革命战争的坚强后盾。在与兵力占绝对优势的国民党军队战斗中，人民军队能创造出每战必捷的奇迹，这与人民群众的无私支援、生死与共的团结奋战是分不开的。没有人民大众的抚育、爱护和支援，就没有革命的胜利。

1938 年，我刚参加新四军，在皖南铜陵开展群众工作。一天傍晚，由于人生路不熟，我和张伟烈同志误入了日本鬼子驻扎的村子。老乡们看到穿着新四军军装的我们，赶紧说：“鬼子下午进了这村子！”立刻拿便衣给我们换上，掩护我们离开。皖南事变后，我到句容、金坛、丹阳等地，待机渡长江寻找新四军的新军部，都是依靠群众的掩护和帮助，才能在犬牙交错的敌伪据点间往来，安然渡过被敌伪封锁的长江。

解放战争期间，我在山东工作。国民党军队依仗着美式武器、装备，气势汹汹地向山东解放区进攻，山东人民和解放军同甘苦、共患难，浴血奋战。大爷、大娘送儿子参军，大嫂送丈夫上前线；乡亲们把细粮留给部队的战士吃，自己吃粗粮、地瓜藤和树叶；民兵们钻进敌人的“心脏”去打仗、埋地雷，担架队跟着大部队转战，将伤兵从火线上抬下来；大娘、大嫂主动当起了护士……解放军能取得战争的胜利，靠的是人民群众——伟大母亲的力量。

如何把人民群众在解放战争中的光辉形象留在镜头里，是我作为一个摄影战士经常思考的问题。在孟良崮战役中，我拍下的这个画面，是革命军民在血与火的岁月里并肩战斗的真实写照。它形象地说明，为了新中国的诞生，人民曾经做出了伟大的贡献。在社会主义现代化建设中，我们更要想着人民，依靠人民，为人民的幸福生活、为祖国的繁荣富强而奋斗。

（此稿写于 1997 年，刊于《铁流》第 38 辑）

《敌人就在那里》。

忆淮海战役的伟大胜利和粟裕建奇功

举世闻名的淮海战役至今（1998年）已过去50年了。我曾是新华社华东野战军前线总分社摄影记者，有幸参加了这次战役的采访。淮海战役以津浦和陇海两条铁路的交汇点为中心，北起临城，南达淮河，东起海州，西至商丘。作战地区之大，参战部队之多，在中国的战史上都是空前的。当时，广袤的中原大地上有国民党主力部队80万兵力，人民解放军有60万兵力及4个解放区543万民工的鼎力支持。

从1948年11月6日到1949年1月10日，双方在战场上展开了极为壮烈的大决战。人民解放军经过66天的艰苦战斗，将国民党5个精锐主力兵团55万余名官兵歼灭。由蚌埠北援的两个兵团被人民解放军部分消灭，残余部队犹如惊弓之鸟，撤退至蚌埠向江南逃跑。淮海战役的胜利，使长江以北和华东、中原广大地区基本得以解放，人民解放军在长江北岸虎视京、沪，成为渡江作战摧毁国民党统治的前沿阵地。

一

淮海战役的胜利，是在中共中央军委和淮海战役总前委领导下取得的，粟裕首长作为第一线指挥员起到了重大作用，为战役的胜利立下了奇功。

1948年春，国民党为加强中原防御，将中原战场划分为8个绥靖区，组成6个兵团，全部兵力为37个整编师，共86个旅、66万余人。中央军委决定让粟裕准备组织3个纵队渡过长江，到苏、浙、皖、赣蒋介石的心腹地区作战，以求吸引中原国民党军20至30个旅回防江南，以减轻中原战场的压力。

粟裕经过深思熟虑，认为这时渡江对我军弊多利少，蒋介石已把中原作为他的主战场，作为南京的屏障。如我军南下，蒋介石不一定会让精锐主力尾随我军渡江回防。在当时的形势下，我军渡江不仅会造成大量减员，而且在江南作战无政权、无后方、无依托，也不具备打大歼灭战的条件，把主力部队分散，对整个战局不利。他认为应该留在中原打歼灭战。

华东野战军西线兵团与中原野战军（包括陈赓兵团）两大野战军配合作战，一次战役可以消灭国民党军5—10万人。进行3次这样的大战役后，就可以决定蒋介石的命运了，国民党在长江以北会失败得干干净净，华东军民将取得完全的胜利。

那时，粟裕和张震一方面按中央要求，做渡江准备工作，令部队进行南方作战的适应性训练；与此同时，粟裕与陈毅军长详谈现在不能渡江的考虑，得到了陈毅的支持。4月17日，粟裕先向刘伯承、邓小平发电征得同意后，18日再次致电中央军委，建议华东野战军3个纵队暂不渡江南进，而集中兵力在中原黄淮地区打几个大规模的歼灭战。1948年4月底到5月初，中共中央书记处在河北阜平县城南庄召开会议，毛泽东、刘少奇、周恩来、朱德、任弼时当面听取了粟裕的汇报，经仔细研究讨论，决定在既定战略方针不变的前提下，同意华东野战军3个纵队暂缓渡江南进，以集中兵力在中原进行歼灭国民党主力的战役。

1980年9月，粟裕在北京。

粟裕回到华东，根据当时国民党军的部署情况，考虑打邱清泉第五军的时机还不成熟，而攻打开封城有利的条件很多。开封守城的兵力不强，又是河南省会，中原战略要地，比打国民党第五军的影响更大。于是迅速改变作战部署，6月17日发起开封战役，至22日晨开封解放。接着又发起睢杞战役，6月27日向被围困的国民党援兵区寿年兵团发起攻击，战至7月2日晨全歼该兵团，兵团司令区寿年被俘。在中原野战军配合下，开封、睢杞战役（也称豫东战役）全歼国民党军9万余人。这次战役的胜利，彻底打乱了国民党军队在中原战场的防御体系，改变了国共斗争的战略态势，为即将开展的战略决战创造了有利条件。

1948年9月24日济南解放，标志着国民党以大城市为主的“重点防御”体系开始崩溃。在攻打济南的炮火声中，粟裕首长已在考虑下一步淮海地区打歼灭战的方案。24日济南战役的枪炮声刚停，粟裕即向中央军委毛主席发出电报，提出举行淮海战役的作战方案。第二天，毛泽东复电粟裕等指出：“举行淮海战役，甚为必要。”同时提出了这个战役准备的3个作战目标，从此揭开了国共两党战略决战的序幕。

二

粟裕敢于直呈 3 个纵队先不渡长江的作战方案：第一，洞悉战局，不为局部形势不利而影响战略思想，这是高级军事指挥员在第一线运用军事辩证法，正确观察思考敌我力量起了质的变化后下的决心；第二，对组织大战役歼灭国民党重兵集团于长江以北胸有成竹；第三，有高尚的道德情操，为了战争的胜利，为了人民和党的利益，将个人荣辱置于身外。

淮海战役规模之大是空前的，成为中原和华东野战军协同作战的范例。1948 年 11 月 16 日淮海战役第一阶段结束时，成立了以刘伯承、陈毅、邓小平、粟裕、谭震林 5 人组成的总前委。

淮海战役打响后，解放军有 60 多万大军参战，加上被俘的国民党官兵，后勤供应成为决定淮海战役胜利的关键，此时粟裕又向党中央和总前委建议，华东局和中原局统一组织后勤指挥部来承担这一任务。从而组织了 500 万民工支援前线，保证了淮海战役的胜利。

粟裕首长在歼灭黄百韬和追击包围杜聿明集团的日日夜夜中，为人民的解放事业呕心沥血，一个星期没有上床休息。他有丰富的革命战争实践经验，能在复杂的情况下缜密地进行思考和正确判断。他精于组织和指挥大兵团作战，善于洞察敌情变化，快速转运部队，战法无常。粟裕首长丰富的军事斗争实践与卓越的指挥艺术是中国革命战争史上一笔极其珍贵的财富。

淮海战役的胜利，是党中央民主作风促成的胜利。淮海战役的胜利加速了南京反动政府的崩溃，将解放全中国的时间提前了。

粟裕在中央军委、毛主席和总前委的领导下，在解放区人民的支援下，在淮海战役中屡建奇功。研究近代史和人民解放战争史的专家、学者都敬佩他指挥大兵团作战的才华。

我是前线摄影记者，当年耳闻目睹，因此了解这段战争年代的往事，在纪念淮海战役 50 周年的今天，特别写下这篇拙文借以怀念老首长粟裕和英勇牺牲的烈士，怀念解放区人民无私支援解放战争所做出的重大贡献。

（刊于 1999 年 1 月《摄影文史》《老年生活》）

真实地反映人民战争的胜利

在战火纷飞的艰难岁月中，我开始当摄影记者。党发给我一台相机，我在想："背着它拍些什么呢？"如何在画面中表现人民战争，如何拍出有高度艺术性的画面，这是必须解决的问题。

摄影记者是要用相机进行新闻报道，用画面的艺术形式反映人民战争，反映新旧观念的搏斗，以达到真实地反映人民战争的无穷力量，完成党和人民托付的任务。要想拍出这样的照片，关键在于摄影记者要倾注自己心底里的爱和恨，并且与艰苦奋斗的指战员的牺牲精神和革命气质融合在一起，获得思想、艺术、智慧的丰富营养，让眼睛变得敏锐，在战争的洪流中发现战士和群众表现出来的思想光辉和感人形象。

因此，拍摄指战员和人民群众的特写，就要重视人物面部的感情变化，抓住感情的表现和具体环境的和谐一致性。例如，在孟良崮战役中，一位老大娘冒着敌人的炮火，不顾个人安危，向解放军指明炮击敌人的方向、目标。从中可以看出她对解放军的拥护和对国民党军的痛恨之情。又如，每当伤病员被从火线上抬下来，解放区的妇女们积极帮助医护人员开展工作。一位老大嫂把家里煮好的面条端来，细心地喂伤病员，虽然没有言语，其举动却表达出了她关爱解放军的心情。再如，山东沂河两岸和沂蒙山区的母亲把独生子送去参军，妇女把爱人和新婚丈夫送上前线，从她们和亲人临别时的眼神和面部表情可以看出她们希望儿子、爱人、丈夫能保家卫国，消灭敌人，解放全中国。人民是革命军队的靠山，正是解放区人民崇高的理想和情操，成为我军战胜敌人的强大力量。

1948年，邹健东（右一）在华东战场。

我在山东及中原地区经历过很多严酷、激烈的大战役，拍摄战争场面同样可以表现出人物的情感。比如百万雄师过大江，当战士们从战船上跃上长江南岸土地的那一刻，我虽看不到他们的面部表情，但透过千帆竞发的风帆，看到他们跳跃的身姿、手中紧握的武器，就可以感受并联想到解放军打到南京将要占领"总统府"，国民党政权灭亡的日子就要到了。又如，部队在向丹阳进发时，要过一条夹江，那里的船工争先恐后地划船来送部队过江。其中，一条小船上的一位十八九岁梳着大辫子的姑娘拼命划船的背影，成为江面上最亮丽的风景，我们虽然看不到她的面部表情，但她划船送解放军过江的身姿已然真切地诠释了军民同心求解放的壮举。

拍摄国民党军在战场上失败的场景，同样能表现人民胜利的喜悦之情。1947年1月，国民党几十万军队像潮水般涌向山东解放区，国民党整编第二十六师及第一快速纵队向山东临沂进攻，但在峄县一线被解放军分割包围攻击，这个快速纵队连榴弹炮“外衣”还未褪下就被快速歼灭了。在战场熊熊烈火中，曾经猖狂的敌人蜷缩着身体待俘。敌方的坦克、榴弹炮、十轮大汽车成了人民的战利品，变为解放军的新装备。峄县被解放军攻破，战士们押着大批被俘的国民党官兵出城，城门上书写着“戡平内乱”的大字标语，是战前敌人鼓励官兵们去卖命作战的精神支柱，如今国民党官兵们都成了城下之囚，就像一幅讽刺漫画。

摄影记者要真实地反映人民战争，首先要了解人民群众，了解战士，同时也要让战士们了解自己的行为，和他们心连心。摄影记者刘保章同志背着相机在前线和战士们一起行军，一起战斗，亲如手足，同甘共苦。在解决困难时能听得到他的声音，在战斗激烈时能看到他的镜头在闪动。在一次战斗中，爆破手刚炸开一个突破口，他就和战士们一起冒着浓烟往前冲，不幸中弹牺牲。在前线，有多少像他一样牺牲或负伤的摄影记者，他们为了了解战士，和战士一起战斗，生动地拍下战士们的英勇形象，真实地反映人民战争的胜利。他们拍摄的画面凝结着战士们的情感和理想，记者和战士们的脉搏是一起跳动的。

摄影记者是维护党和人民利益的记录者，他们的镜头永远朝着人民的英雄、朝着时代前进的方向闪动。

南京解放初期新华日报社的摄影工作

1949 年 1 月，雄壮伟大的淮海战役结束了，人民解放军歼灭了国民党主力军 55 万人，国民党政权垂危待毙。4 月 23 日晚，在人民解放军过大江的炮声、英雄战士登岸的呐喊声、南京人民的欢呼声中迎来了南京解放。

战士们登上了南京“总统府”，大家尽情地欢呼、高歌，统治中国 22 年之久的国民党政权终于覆灭，延续了几千年的剥削阶级统治被人民推翻了，人民走向了自由、幸福的新纪元。

第三野战军八兵团司令部进入了南京。6 月，新华社八兵团分社全体同志转到新华日报社工作，摄影记者只有我一个人，既是组长又是记者。我住在原国民党中央社的三楼，暗房在楼上，郑昌义未跟国民党撤走，于是安排他在暗房工作。那时的新闻采访工作很紧张，举目有激动人心的镜头，静听有感人的事迹。

社长石西民同志对新闻摄影报道很重视，他要求摄影记者要充分发挥图片的特点来表现南京解放。蒋介石指挥国民党军队“围剿”红军 10 年，日本投降后进攻解放区内战 3 年，都是在这里——南京发号施令。战争胜利后要在报纸上揭露他们的罪行，展现人民的喜悦之情和积极恢复生产的热情，每星期出一版画刊，并在各版面刊登新闻照片。

工人们列队欢迎解放军进入南京接管工厂，帮助工厂恢复生产；国民党市政府留下的职员拆下原来的牌子，换上了欢迎解放军的红色大横幅；学校里的师生们更加活跃，对未来充满希望和欢乐……这一切都拍进了我的镜头。

1949 年，邹健东于南京。

值得大书特书的镜头还有很多。例如，刘伯承司令员在原为蒋介石祝寿的介寿堂里会见南京市的工人代表，工人代表亲眼看到了这位常胜将军，聆听了他的演讲，群情激昂；刘伯承司令员在“总统府”会议室接见了国民党起义的各级海军军官，进行了 1 个多小时讲话。那些军官深感荣幸，如果不是通过起义回到人民的军队中，是聆听不到刘伯承司令员的教诲的。

我还记得，1949 年初冬，法捷耶夫率领苏联文化代表团来南京访问，在“总统府”礼堂发表了激情洋溢的讲话，指出他们在会议室发现日历停留在1949年4月22日。有的团员风趣地说，这天是蒋介石反动统治阶级的末日，现在灿烂光明的日子属于新中国的人民了。

1949年10月1日，伟大的中华人民共和国诞生了，中国人民从此站起来了。9月30日的晚上，南京被服厂的工人紧张地赶制五星红旗，这是他们第一次制作中华人民共和国国旗。这一面面五星红旗，是中华民族优秀儿女为了民族的解放，为了建立一个自由、独立、繁荣、幸福的新中国，反抗侵略，反抗压迫，在中国共产党的领导下前赴后继，由烈士的鲜血凝结而成，具有很强的象征意义。

1949年冬季，南京市召开了人民代表大会，董必武副总理代表中央前来祝贺。

有关南京的一切事情，无论大事小事，我们都在报纸上及时地进行报道，极大地鼓舞了市民在新社会当家做主的主人翁意识。

中国人民胜利了，帝国主义仇恨我们，在经济上对我们进行封锁，不法商人投机倒把制造市场混乱。我们跟踪报道了南京人民恢复发展生产，度过困难时期；法办投机商，镇压反革命；郊区农民进行土地改革；抗美援朝；宣传爱国主义，反对崇洋媚外思想，开展“三反”“五反”运动。

新华日报社的摄影组逐渐壮大起来。吴嘉文是在南京解放后参加工作的青年，二野来了一位青年，在摄影组帮忙，也是实习。从三野调来了王平，以后王平和二野的同志都回原单位了。夏末，由吴越人介绍华谷平来工作，当时新参加工作的几位同志都没有当过记者，遇有重大事件，如解放军入城式、国庆节的活动就和二野摄影记者合作，胶卷都在报社冲印放大，照片选好的刊发。我们都有战友之情，亲如一家。用的器材较为落后，我用的德国徕卡相机还是30年代前出产的，是从战场上缴获来的，没有闪光灯。暗房的放大机是国民党中央社遗留下来的。为了适应拍摄城市新闻，报社打报告给军委会申请到了300元，到上海买了一台美国产的五英寸新闻照相机和闪光灯，还有几台普通相机。

1950年，江有生从上海调至报社，之后改为美术摄影组，他任组长，我任副组长，还调来了高马德同志。1951年，徐春芳从华中师范大学调来，王世杰从南京大学调来。1952年8月，我调至北京新华社新闻摄影部，临走之前，我从第三野战军政治部调来晓庄同志任摄影记者。美术摄影组增加了新生力量，新华日报社的摄影工作在推进，大家都为党的工作做出了贡献。

1999年4月

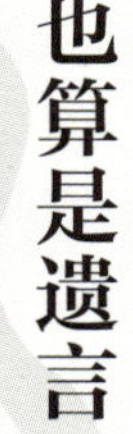

也算是遗言

1. 人的一生，最珍贵、最有价值的就是时间，只要爱惜它，可以结出智慧和精神财富，可以成为勇气和力量，发出高度的热力，推动历史加速前进。在不知不觉中抛弃时间，就是对自己、对人民的犯罪。

2. 作为党的新闻摄影记者，要忠于自己的事业，忠于党和人民的利益，对党、对人民不利的新闻，不能按快门，更不能争见报、图虚名。

3. 记者对新闻报道要坚持唯物辩证法、坚持真理。自己的行为也要有真理的光芒，光明磊落，不能搞权术谋取地位。

4. 记者的镜头只能为党、为人民服务，不能做篡党夺权的反革命工具。不为党、国家、民族的利益，不为人民的呼声献身的人，千万不要当摄影记者。

5. 摄影记者要到最艰苦、最危险的地方去，到人民战斗、生产建设的第一线去，到人民需要的地方去。只有这样拍摄的照片才会有生命，只有这样才不虚度年华。

6. 运用新闻摄影的独特艺术形式和规律，在实践中为提高新闻照片的艺术形式而下功夫，真实生动地反映生活。

1984 年 7 月

2004 年，邹健东于北京。

《也算是遗言》手稿。

战
为新中国而

镜头录史千秋在——追忆邹健东

许必华　谢琍

2005年12月27日，人民画报社记者邹毅通知我们，他的父亲邹健东于7时18分在人民解放军304医院去世了。这一天，我们的心阵阵凄楚：一个为我们所敬重的老战友驾鹤西归了！

镜头录史千秋在，笑傲人生九十年。

我们和老邹共事几十年，离休后又同住在一个大院，交往甚多。老邹在我们心中的分量是沉甸甸的。他生前对人民、对社会的贡献是巨大的，在我们心中的地位是极高的。邹健东的名字在中国新闻界、摄影界之所以响亮，正是他用自己对人民事业的忠诚、勇敢、辛劳写就的。当今人们只要提起《人民解放军占领南京》《百万雄师过大江》《我送亲人过大江》等浸染着战火硝烟的摄影作品，无人不知邹健东！

这些闪烁着光芒、记录了中国革命史实的作品，显示着老邹的文化底蕴，这种底蕴的积累是长期革命生活所沉淀下来的。他把自己有限的生命全部投入到无限的为人民服务之中去。他曾不止一次对我们说："我能力不高，但我要把相照好。"语言虽然朴素，但他的确做到了。在他的只言片语中，我们了解到他的一些革命经历。

1937年初，他还是广东梅县一家照相馆学徒的时候，就加入中国共产党了。用他的话说："白天照相，晚上革命。"1938年初，他和几个同志遵从党组织的安排，翻山越岭，从梅县到福建，然后又奔到皖南的云岭山区，进入新四军军部教导队，展开了他人生最灿烂的画卷。根据老邹的特长，领导分配他到由叶挺军长创立的军部摄影室。时任新四军一支队司令员的陈毅为新建的摄影室集资。叶挺军长的指挥才能广为人知，其实摄影水平也很精湛。他平时总会随身携带一台徕卡相机，深入连队时会拍一些照片。在他的影响下，摄影室的同志个个奋力工作，用极大的精力去拍摄军队的训练、作战场面。皖南事变发生后，战局急剧逆转，摄影室的一些同志在战场上牺牲了，一些同志被捕后在上饶集中营遇害了，摄影作品大多丢失、损毁了。老邹则因为提前转移，逃过一劫。组织安排他穿便装由苏南茅山根据地辗转至上海，又从上海来到镇江，经高资乘一叶小舟过长江进入苏北新四军根据地。

老邹和我们每次说到这段往事总是眼圈泛红，叹息道："牺牲的同志太多了！"到苏北地区后，老邹做过一段时间的政治指导员，在华中局党校学习过。这段时期，他拍摄过刘少奇在华中局党校作报告的照片。老邹说："这张照片有点虚，是因当时的拍摄条件太差。相机是从敌人手里缴获的，口径很小，胶卷感光度极低，会场上没有照明设备，所以拍出的照片虚了。"1946年，国民党部队大规模进攻苏北解放区，老邹在新华社华东野战军前线总分社任摄影记者，有一位叫杨玲的女摄影记者，她是分社社长康矛召的爱人，他们夫妻二人都酷爱摄影。分社里，他们三位懂摄影的人克服重重困难，记录下那场战争中的许多精彩的画面。消灭国民党快速纵队时，在火线上拍摄的邹健东身边只有两卷120胶卷，老邹想多拍点，却又不敢多拍，因为他得知还有一场战役即将打响，胶卷不够用，他只能尽量精简拍摄，节省胶卷。现在，有些博物馆在展出有关华东地区解放战争时期的照片，其中有一幅国民党军车轮子冒烟的照片，就是老邹那次拍的。部队从苏北打到山东，又从山东打回苏北，接着又在徐州附近打响淮海战役，这些战役老邹都参加了。老邹很喜欢的一幅作品是一位解放军战士在一棵树旁喂马，这位战士怕马啃噬树皮，就用雨布把树皮包好，然后再系上缰绳。老邹说："从这个小细节中能看出人民军队的爱民作风。"在孟良崮战场上，他拍摄到一位老大娘为华东野战军炮兵连长指认目标的画面，他说："这个小小的画面说明了大问题，老百姓关心自己的部队，关心自己的胜利，军民鱼水情深不是一句空话！"

1949年春，具有扭转局面意义的渡江战役开始了。这是人民解放战争的一个新高潮，"打过长江去，解放全中国""打到南京去，活捉蒋介石"的口号鼓舞着每一个为此而战斗的人们。30岁出头的邹健东迎来了战场摄影创作的高潮，他鼓足了劲，跟随第三野战军先头部队冲锋陷阵，从泰州附近的乡村到长江流域的扬中县，一直到登上长江南岸，冲进国民党"总统府"。兴奋不已的老邹几乎把每个事件都拍了下来。他是这一场伟大战役的见证者、记录者，他所拍的照片现在已经被许多博物馆珍藏起来了。

老邹是高尚的，把自己的一生献给了中国革命摄影事业。对官位、报酬不感兴趣。他选择了自己最愿意干，而且觉得能干好的摄影工作。他曾经做过两件很多人不能理解的事情。第一件事是在抗日战争时期，部队里评级，领导根据他的表现决定给他定为团级，他拒绝说："那么多同志牺牲了，他们连性命都没有了，我有什么资格当团级干部？我不能接受，绝对不能！"因为他一再坚持，领导只能收回成命。另外一件事是老邹在履历表上填写的入党时间是1937年初，参加革命时间是参加新四军时的1938年初。20世纪70年代，他在新华社广州军区分社离休，军区政治部为他办理离休手续时，发现他参加革命的时间应按入党时间计算才对，应属于"红军干部"，从正师级改为副军级，从抗战干部变为红军干部，待遇也会相应提高。有人问老邹："你为什么不早点注意这个问题？"他回答得很轻巧："我没去想，其实没什么意思。当年投身革命，就没想过有什么待遇。""没什么意思"其实就是老邹及老红军们崇高品质的体现。

2004 年 12 月，年近 90 岁的老邹荣获国务院文化部颁发的“造型艺术成就奖”。老邹把荣誉看得很淡，他说：“炮火连天时，谁会想到自己拍的照片会获奖？要依靠它来升官、晋级？渡过长江，在南京新华日报社住了下来，压根没想到会被调到人人向往的北京，为党和国家领导人拍照，随国家领导人出国访问，出版个人画册……”所有的一切，老邹都服从组织安排，从不向组织伸手，从不跟组织讨价还价。

离休 20 多年，老邹依旧关心国家大事和国际时事，写一些回顾性的文章，同时也惦记着曾经战斗过多年的华东地区。他花了很多时间在北京、上海、南京等地多次举办有关华东战场的摄影展览，展示华东军民的伟大贡献，他认为这也是一种对战友的怀念方式。

前两年，邹健东不顾年老体弱，还专程去了一趟皖南，瞻仰新四军军部旧址。回想当年，他老泪纵横，既想起那些火热的生活，也想起那些牺牲了的同志。从军部旧址回北京后向我们叙述时，他的声音还是那么低沉，泪水不止。他说：“那里建起纪念碑了，但牺牲了的人却永远回不来。社会发展了，但新四军战士那种高昂的革命气概也是要当代人继承的！”

老邹走了，带着他的理想和对牺牲战友的思念走了。他留给了我们对事业无怨无悔追求的精神，以及他对人民、对同志无限的爱！

永别了，老邹，安息吧！

2005 年 12 月 29 日于北京

（刊于 2006 年 1 月 6 日《中国摄影报》）

邹健东和他的摄影作品

蒋齐生

邹健东同志的摄影作品记录了我国人民革命斗争的一部分历史。从这些作品中我们可以看到，中国人民在中国共产党及毛泽东、周恩来、朱德和老一辈无产阶级革命家领导下走过的革命历程，受到了革命历史的教育，知道新中国来之不易，从而更加崇敬为新中国的建立做出伟大贡献的英雄和元勋，更加热爱新中国，并坚定地为实现中国社会主义现代化贡献力量。

邹健东同志在党的教育下、在人民革命战争的烽火中把自己锻炼成一名无产阶级摄影战士。在念小学时，他在自家门口看到过进军潮汕及回师福建的南昌起义军，听过人们对这支人民军队的赞扬及红军打土豪、分田地的种种故事，受到过工农民主革命运动的启蒙教育。15岁那年，他到广东梅县松口镇的一家照相馆当学徒时，日本帝国主义强占了我国东三省，进而侵入华北。在祖国存亡的危急关头，蒋介石竟然倾力“围剿”红军。邹健东受到抗日救亡的爱国思想的激发，阅读进步书刊，参加救亡活动，向往社会主义社会。1937年春天，他加入了中国共产党。1938年春天，他到福建龙岩参加新四军，东进敌后，成为一名抗日战士。现实的生活与斗争逐渐使邹健东同志把自己的命运与中国共产党、中国革命的命运联系在一起。

当他还在照相馆当学徒的时候，他从报刊上看到人民群众在死亡线上挣扎的照片，看到“一二·九”抗日救亡运动的摄影报道，心情就会激动，觉得要是将摄影运用到人民革命斗争中去，就能成为鼓舞人民革命的工具。参加新四军之后，他看到各级领导平易近人，大家以同志相待，军民关系亲如一家。在抗日根据地的生活和战斗中，处处都是新鲜、可爱、感人的画面，他多么想拍下来。但当时新四军面对敌、伪、顽的三面夹攻，条件极其艰苦。1939年，他在新四军军部负责摄影工作，皖南事变后，新的军部建立在敌后，经济困难，摄影工作中断了。直到1946年，他才实现了从事摄影工作的志愿，他成为华东画报社记者，立即投入采访山东临沂地区的土地改革。

离开临沂之后，邹健东同志到人民解放战争的前线去了，成为新华社华东野战军前线总分社的摄影记者。1947年1月，他目睹了在鲁南战役中国民党第一快速纵队快速覆灭的经过，他不但拍摄了新闻照片，还参与写新闻报道。1947年2月，华东野战军在鲁中莱芜取得大捷；5月，在孟良崮歼灭国民党五大主力之一整编第七十四师取得大捷；8月开始战略反攻挺进鲁西南，破袭陇海、津浦路。1948年3月，解放洛阳；6月，解放开封；11月6日开始，历时66天的淮海战役获得胜利。1949年4月21日，解放军百万雄师渡江作战，迅即解放南京。邹健东同志都深入第一线进行摄影报道，为这一段中国人民解放战争的光荣历程留下珍贵的历史图片资料。

新中国成立后，邹健东同志在南京新华日报工作了两年多，于1952年调至新华社新闻摄影部当摄影记者，从事新闻摄影多年。1965年调至广州军区新华社分社，再次回到了人民解放军军队中，担任摄影记者，为分社编委会成员。

邹健东同志在党的长期教育下，在中国人民的革命斗争中，自觉地以摄影为人民服务，深刻明白新闻摄影作为党的事业的一部分、中国人民求解放及建设社会主义的一种武器的意义。他深入第一线，与人民、战士同甘苦，力求真实地反映人民及解放军战士为建立新中国而进行的各种斗争。他的每一次拍摄在真实反映的基础上力求主题突出，立意鲜明，人物个性鲜明、生动活泼、用光适宜，画面富于表现力和感染力。他的摄影作品在忠实且生动地反映现实和人民的斗争时，着重表现人民斗争的正义性和历史的必然性，鼓舞人民为革命的最后胜利做出新的努力和贡献。

邹健东同志对人物摄影有丰富的经验，他说："我喜欢反映在各种环境中形成的有鲜明性格的人物。"翻阅他的影集，我们就会看到，他在这方面有独到而突出的成就。他的摄影作品不但有浓厚的时代气息，而且富有当时当地人物的强烈的思想感情，他所表现的我军战士与人民群众的关系就如同一首关于军民同心的赞歌，他更能理解中国共产党领导的人民革命胜利的历史必然性。他在新闻现场拍摄时，善于取景、构图、把握拍摄时机，对于特征鲜明、神态生动人物的拍摄十分敏锐，并且技术纯熟，极少失误。正因为如此，他的人物摄影作品朴素、自然、生动，有着强烈的真实感、亲切感，具有感染力。

他在关于新闻摄影真实性问题的讨论中曾说过："新闻摄影不但要内容真实，而且要形象真实。"这是新闻摄影实践经验的一个重要总结。形象真实，不是摆拍所能达到的；形象真实，就是要准确地反映当时当地现场的环境气氛，以及人物在当时当地的真实动态和真实情感；形象真实，就是不仅要形似，还要传神，要求记者把握住被摄对象典型形象表现的瞬间。只有拍出传神的人物形象，才能感动观者。要拍出传神的画面，不但要求记者有纯熟的技术，还要求在现场工作中全神贯注，反应机敏，并且爱憎分明。正是因为邹健东同志忠诚于党的事业，对无产阶级革命领袖们的伟大人格有着深刻的理解和崇高的敬意，才能机敏而准确地把握住革命领袖们感人肺腑、神态生动的瞬间；正是因为他是一名人民解放军战士，对军民鱼水情的伟大历史意义有着亲身体验，才能拍到像《河南新解放区群众向解放军诉说遭受国民党军压迫蹂躏之苦》那样激动人心的镜头。

邹健东同志虽然年逾花甲，但他依然保持着中国无产阶级摄影战士在革命战争年代，在党和毛泽东思想培育下形成的战斗精神和作风。他虽然已经白发苍苍，但只要听到国家的号召，他仍要争先响应，关心着党和人民的未来。邹健东摄影集的出版不只是回顾过去，更是展望未来，鼓舞今天的摄影家在新的长征中做出更大的贡献，这正体现了邹健东同志忠于党、忠于人民的一贯性和坚定性。

在摄影事业上，邹健东同志用自己的生动实例证明了一条真理：要做好一名人民的摄影家，首先必须当好一名无产阶级的摄影战士、摄影记者。只有把自己的命运同人民的命运紧密联系在一起，同人民共呼吸，自觉地在党的领导下全心全意、坚持一贯地以摄影为人民服务，在业务上精益求精的人，才可能成为这样的战士、记者、摄影家。

（刊于 1983 年《邹健东摄影集》、1983 年 12 月《新闻战线》）

河南新解放区群众向解放军诉说遭受国民党军压迫蹂躏之苦。

历史的脚印 壮丽的画卷（节录）

徐熊

我抱着浓厚的兴趣，欣赏了人民美术出版社新出版的《邹健东摄影集》，心情是不平静的。这不是一本普通的影集，而是一部英雄业绩的记录，一幅优美壮丽的画卷。展卷相对，深感它如诗，如浮雕，如战歌，充满了战斗激情和时代气息……

摄影集中一幅幅色调浓烈、风格雄健的战争年代的照片最为吸引人。如《国民党快速纵队被快速歼灭》《穿过青纱帐，挺进向中原》《彻夜行军，拂晓露营》《淮海烽烟》等照片，仿佛把人们带到了烽火之中，似乎听到了震耳的枪声，看见了飞溅的火光，使人们对那些为建立新中国而穿越烈火、激流、浓雾，用生命和鲜血夺取胜利的英雄们产生了难以忘却的怀念。而《国民党进攻鲁西南，村民被迫离开家乡》中那些被迫离乡的人群，《妇女家人被国民党杀害，亲人哭断肠》中在亲人遗体旁悲恸欲绝的泪脸，《大娘慈母心，护理子弟兵》中给伤员喂饭情深似海的慈母心,《敌人就在那里》中那只为子弟兵指引敌人去向的义重如山的手，《行军路上解放军，天热水清情意深》中行军路上一桶桶沁人心田、甘如清泉的茶水……都被摄影家以强烈的爱憎之情抢拍下来。诗人可以凭借灵感抒写出扣人心弦的赞美诗句，画家可以根据生活的体验描绘出动人的图画，而战地摄影师却无法用相机追摄“回忆录”，他只能在稍纵即逝的瞬间捕捉“机不可失，时不再来”的动人场面。邹健东同志正是这样。在战争岁月里，他随着部队转战大江南北，驰骋在华东、中原各个战场上，常常同战士一起生活，一起战斗，一起行军。1949 年，他背上相机同部队一起横渡长江，进入南京“总统府”……他用手中的“武器”战斗，真实地记录下许多在中国历史上值得长存的历史镜头——《百万雄师过大江》《我送亲人过大江》《人民解放军占领南京》等，这些照片和他的其他一些著名作品，如《敌人就在那里》等，一再被报刊和摄影展览选用，受到群众好评，这绝不是偶然的。

我还特别喜欢《人民万岁》这幅摄影艺术作品。这幅作品构图新颖：照片的右下角是毛主席挥手高呼的形象，毛主席身后，一面迎风飘扬的红旗占据了大半个画面。看着这幅作品，心中激情迸发！那饱经风雨的红旗是人民和无数革命先烈用鲜血换来的，她丽如彩虹，状如闪电，代表着祖国人民的理想、斗志、热情、纯洁和对幸福的向往……

邹健东镜头下的风光作品也很有特色，浑厚自然，层次丰富，变化无穷，风貌不一。《纵览云飞》里氤氤氲氲的云霭，《九嶷山》里浓浓淡淡的峰峦，《韶山日出》中郁郁苍苍的林海，都令人感到挺拔、幽深、秀美，充满生气，让人从心底洋溢着对祖国锦绣河山的热爱之情。

图为人民美术出版社 1983 年 4 月出版的《邹健东摄影集》。

对摄影记者来说，要想拍好一张老一辈无产阶级革命家和知名人士的人物照片不容易，创新则更难。但邹健东拍摄的人物照片却能抓住人物性格和内在气质，拍出人物的不同姿态，体现不同人物的不同风格，有的质朴，有的洒脱，有的含蓄，有的热情奔放。例如，他给陈云拍摄的照片，不仅表现了陈云神采奕奕的精神面貌，而且还展现了老革命家深沉思索时的神韵。

镰刀的收获始于犁锄的耕耘，才华的燧石要靠勤奋去撞击。邹健东用镜头记录了历史，历史也记录了他的汗马功劳。这本精美的摄影集得以出版，就是他辛劳勤奋的成果，也是人民对他的赞赏。

（刊于 1984 年 6 月《新闻业务》）

1949 年，邹健东（左一）和战友们在南京合影，左二为新华社记者徐熊。

『咔嚓』一瞬间——历史照片引出的故事

金雨困

暮春季节，应作家韩素英之邀，赴京一晤。聆听指教就像每次赴京办事一样，总要借此机会看望在京的许多老朋友，老摄影家邹健东便是我必看的老友之一。

我与邹健东的相处，说来已有半个多世纪了。记得我们第一次见面是在 1946 年年末，在山东临沂，可以说我们是在戎马倥偬的前线相识的。那时正值鲁南战役（山东解放战争时期第一场大规模战役）前夕，两军近百万人马及坦克、大炮均聚集在鲁南一线，剑拔弩张。当时我 20 岁，他 31 岁，风华正茂。之后，我们都在同一支部队，一起行军，一起宿营，一起上前线采访。渡江进入南京后，我们又一起进入了新华日报社。1952 年，我们又相继调往北京，他调到新华总社，我调到了人民日报社。在我们这个年岁，有着数十年交情的老友是很常见的，但一直保持半个多世纪的交往却并不多见。

岁月匆匆，转瞬之间，老邹已步入 82 岁的高龄，我也步入古稀之年。令人可敬的是，老邹不仅一辈子热爱摄影，而且至今仍未放下相机。近些年来他更忙于出版画册，多次举办有关抗日战争、解放战争及新中国建设的影展，遍及全国。他为此东奔西跑，忙个不停，我们经常就此话题展开讨论。老邹讲起前些时举办的“情播华夏”摄影展，引出了“照片里的故事”。当时老邹抓拍的大多数人物

《好儿女志在四方》。1950 年 12 月，南京市第三女子中学的学生光荣参军。

与他并不相识，只为他们留下一个个历史画面。随着时光流逝，当照片中的人物通过影展看到他们年轻时的样子，心情激动万分，经常有人会想方设法寻找照片的拍摄者。

一个星期天的上午，老邹家的门被一位妇女敲开了，她叫陈燕生，1950年在南京市第三女子中学参军。老邹马上想到，这就是照片《好儿女志在四方》中一脸稚气、活泼可爱的小姑娘。陈燕生告诉老邹："前些天，我的一位朋友来电话，告诉我他在'情播华夏'摄影展上看到我44年前在南京三中参军的一张大照片。我很惊喜，便和老伴兴冲冲地从远郊赶到军事博物馆，但展览在前一天就结束了。我不甘心，几经辗转，终于找到了您的住址，便上门拜访了。"

一番叙旧之后，陈燕生激动万分。她在回忆录中写道："当邹老取出收藏照片给我看时，我一眼就认出坐在马车上乐呵呵的胖姑娘了，那真的是年轻时的我。在邹老得知当天刚好是我60岁生日时，便将这张照片作为生日礼物送给了我。我高兴极了，这是多么珍贵、多么有意义的礼物啊！面对这张照片，当年的情景不由地浮现在眼前，当时我刚满16岁，又是独生女，母亲的不舍和劝说可想而知……随着阅历的增长，我意识到50年代初参军的那段经历对我的一生是多么的重要。"

参军后不久，她就被送入北京大学深造，一直从事我军防化工作，被评为高级职称，曾获军队科技进步一等奖，多次立功，是一位很有成就的化学专家。

在老邹当年拍摄的作品中，《马燮庆送女儿参军》让人印象深刻，画面中一位慈祥宽厚的父亲为即将穿上军装的女儿佩戴一朵大红花。老邹说，照片中的人物马启勇（照片中佩戴大红花的姑娘）也来找过他，她现在是我军高级科技工作者，也是一个很有成就的人。

1950年，马启勇是金陵大学化学系的大学生。报名参军时，父亲马燮庆一眼就看出了女儿的心事，便与女儿彻夜长谈，让女儿自觉投入参军的队伍。马燮庆是当年南京著名的"马头牌"冰棒厂的老板，年轻时支持中国共产党，做过不少工作。当时马启勇的同学和学校知道这一情况后，邀请马燮庆到学校演讲。马启勇回忆当时的情景说："记得那天胖胖的父亲特地换上一件新棉袍罩衫，兴奋地走上讲台，发表了热情洋溢的讲话。刚散会，父亲便被许多人围住了。其中一位是新华日报社记者（直到1995年初一次偶然的机会，我才得知拍照的记者就是现在已80岁高龄的老革命、老新闻工作者邹健东），他把我和父亲带到礼堂门口，为我们父女俩照相。父亲微笑着把大红花戴在我的胸前，就这样留下了这个无比珍贵的瞬间。之后，《新华画刊》上刊登了这张照片。父亲病逝，沙千里在唁电中称：'燮庆兄是马列主义队伍外的马列主义者，共产党外的共产党员。’”

不久前，老邹又把陈燕生、马启勇这两位照片中的“小姑娘”邀请到家里相聚。并在家里拍下了三人的合影，又留下了一个新的瞬间，把跨越了近半个世纪的这段历史连接了起来。

老邹还问我：“你还记得当年华东野战军总部文工团的歌唱演员马璇吗？她当时在华野颇有名气。前些时，她到军事博物馆参观时，无意中看到她在淮海战场的战壕里为战士们演唱的照片（见第 268 页图片），惊喜万分，但不知道我现在的住址，便辗转寻找，终于在杨玲（康矛召夫人）处打听到我的下落，便联系上了。”这也勾起了我的回忆。在淮海战役第一阶段——歼灭黄百韬兵团胜利结束后，我们又和兄弟部队一起围堵住了杜聿明集团。当我军对杜聿明集团的大合围形成后，年轻的文工团员们便冒着纷飞战火生龙活虎地出现在我军的阵地上、战壕里。“捷报，捷报，消灭了黄百韬！”充满胜利欢悦的歌声似乎又回旋在我的耳际。就在这雨雪霏霏、冰天雪地的前沿阵地上，年轻的文艺工作者创作了著名的《淮海战役组歌》唱遍了全军，后来又唱进了中南海。马璇就是文艺工作者

《马燮庆送女儿参军》。1950 年 12 月，青年女学生马启勇报名参军，父亲马燮庆高兴地为她戴上光荣花。

队伍中的一员。新中国成立后，她被调入中国人民解放军艺术学院当老师，担任系主任一职。如今再见到她时，她已是一位老太太了。当老邹送给她这张 8 寸照片时，她高兴万分，犹如找到了一生中最美好的瞬间。

在老邹拍摄的无数张照片中，我印象最深也是最有感情的一张照片是孟良崮战役中一位沂蒙山老大娘向我军指战员指引进攻敌军目标《敌人就在那里》。这张照片不仅取景角度好，而且含义深邃，生动地反映了沂蒙人民支持解放军的血肉之情，这是我军所向披靡的力量所在。孟良崮战役一结束，部队即跳出敌军的包围圈，在一座小山村里休整，老邹便抓紧时间冲印照片。当时老邹用的是日本制造的相机，是战利品，但冲洗条件简陋得难以想象。当时的农村没有电，老邹便用两块玻璃夹着印相纸借助室外的光线感光，然后用一只瓦盆冲洗。当水盆里显现出第一张照片时，我是第一个看到的，也是第一个为他叫好的。老邹露出天真的笑容，高高兴兴地送了我一张，以回报我的赞赏。这张在孟良崮战役中拍摄的照片虽然有些泛黄了，但我至今仍完好地保存着。这张照片时常出现在画册与影展上，给人们留下了深深的历史忆念。

老邹这一生留下的革命历史镜头可谓多矣，从抗日战争、解放战争、新中国建立到改革开放，许多重要的瞬间都被他收入了镜头。我常常在一些纪念馆和画册上看到老邹拍摄的这些照片，感到异常欣慰，也引发种种思念。梳着大辫子的渔家姑娘摇着木橹船送解放军过长江的画面，百万大军直取长江天险的壮阔场景，不禁又浮现在眼前，仿佛置身其中。解放军占领南京“总统府”的照片是在陈粟大军解放南京后，我与老邹一起赶往“总统府”拍摄的。由于我当时也在拍摄现场，所以对这张照片的感情很深。这些照片后来成了国民党政权覆灭的“见证人”。

老邹为了给后人留下这些珍贵的历史瞬间，一干就是 60 年。虽然已是耄耋之年，但他奋斗不止，仍在不断捕捉稍纵即逝的历史瞬间，这是十分令人敬佩的。

（刊于 1997 年 10 月 9 日《文汇报》、1998 年 4 月 10 日《中国摄影报》）

捕捉永恒瞬间的战士——记新华社高级记者邹健东

蔡毅

一

在中国照片档案馆的馆藏中，有这样一组照片，记录着20世纪40年代发生在中华民族历史上翻天覆地的变化。

画面一：威武的人民解放军小号手，吹响了渡江战役的进军号。（图1）

画面二：誓师大会上，人民解放军指战员群情激昂，高呼口号："打过长江去，解放全中国！"（图2）

画面三：大江北岸，人民解放军指战员正在瞭望彼岸敌人的设防工事。（图3）

画面四：光荣担任渡江先锋的人民解放军战士英勇无畏，充满必胜的信心。（图4）

画面五：渡江船工的脸上刻着长年劳作的沧桑、淳朴的神态和对新生活的期望。（图5）

画面六：我送亲人过大江。近处大船上身姿绰约的摇橹姑娘和手持钢枪的威武战士，远处三两小船往返来回。（图6）

画面七：扬起风帆，准备开船。（图7）

画面八：浩荡的船队驶向对岸。（图8）

画面九：英勇的人民解放军战士跳下船甲，冲上堤岸，向守敌发起进攻。（图9）

画面十：人民解放军占领南京，战士们在"总统府"门楼上欢呼胜利。（图10）

……

图1

图2

图 3

图 4

图 5

图 6

图 7

图 8

图 9

图 10

这些画面叙述的是：1949年1月，中国人民解放军取得辽沈、淮海、平津三大战役的伟大胜利，在大江以北消灭了蒋介石的主力部队，开始直逼国民党政府的“老窝”——南京。4月20日，国民党拒绝在和平协定上签字。4月21日凌晨，毛泽东、朱德发布《向全国进军的命令》。即刻，浩浩荡荡的人民解放军百万大军在西起九江湖口，东至江阴，长达500多公里的战线上，以迅雷不及掩耳之势，突破了国民党军队苦心经营了三个半月的“千里江防”，强渡长江。4月23日，解放军一举解放南京，宣告了统治中国22年之久的国民党政权的覆灭。

上述照片的拍摄者是新华社高级记者邹健东。

二

邹健东，1915年生于广东大埔县长治乡湖塘村一个贫苦农民家中。由于家境贫寒，为生计所迫，1930年高小未毕业，邹健东就到梅县松口照相馆当学徒。1935年参加革命活动。1937年参加抗日救亡运动并加入中国共产党。1938年在福建龙岩参加新四军。1939年调至新四军军部摄影室工作。1941年在华中局党校学习期间拍摄了刘少奇同志在党校讲授马列主义的照片。1946年调至山东军区华东画报社任摄影记者。1947年春调至新华社华东野战军前线总分社任摄影记者，随部队驰骋疆场，转战山东、河南、江苏，参加了鲁南战役、莱芜战役、孟良崮战役、沙土集战役、开封战役、淮海战役、渡江战役及解放南京等重大战役。南京解放后，任新华日报社摄影记者。1952年任新华社新闻摄影部摄影记者。1953年至1954年任新华社新闻摄影部中央新闻组组长。1965年任新华社广州军区分社编委和摄影组组长。1976年10月离休。离休后继续从事摄影理论探讨和摄影实践活动；收集革命战争年代的摄影作品；出版《邹健东摄影集》和《历史的踪影》画册；1985年在老首长的支持和战友们的共同努力下，发起组织“华东抗日解放战争摄影展”，出版《华东抗日解放战争摄影集》。邹健东同志在几十年的革命摄影生涯中拍摄的珍贵照片档案，或被博物馆、画报社珍藏，或被媒体长期反复采用，或被收入各类摄影画册广为传播，或被作为国家珍贵档案收入中国照片档案馆馆藏。1988年，中央军委为邹健东同志颁发二级红星功勋荣誉章，他是我国唯一一位获此殊荣的摄影工作者。

三

我以为，邹健东同志的摄影作品有以下特点。

第一，捕捉永恒的瞬间。邹健东同志从1946年正式拿起相机从事摄影记者

图 11

图 12

图 13

开始，便以极大热忱将镜头对准中国革命斗争。照片《百万雄师过大江》（图 9）画面上英勇的战士从船甲上跨上堤岸，向守敌冲击，表现的是人民解放军百万大军渡过长江，向国民党反动派发起猛烈攻击。照片《人民解放军占领南京》（图 10）画面上人民解放军战士在“总统府”上欢呼胜利的镜头成为国民党反动统治彻底覆灭的历史性标志。照片《人民万岁》（图 11）中毛泽东挥动手中的帽子向人民致意，他的身后是迎风飘扬的红旗。这是毛主席诸多照片中颇有特色的一张照片。红旗，领袖，人民，寓意深刻，耐人寻味。邹健东同志拍摄的这些作品之所以能成为经典，成为记录中华民族历史的重要影像档案，是因为他用镜头成功地展现了中国革命发展的重要历程、伟大转折和伟大人物，用精炼的画面揭示了中国革命发展重要历程、伟大转折，以及伟大人物的本质和内涵。他把人类社会发展的重要历程、伟大转折和伟大人物形象定格在摄影作品中，让瞬间成为永恒，让作品成为不朽。这是经典之作成功的真谛。

第二，捕捉记录过程的瞬间。品味邹健东的摄影作品好像在看一个个图片故事，事件背景、过程都以照片的形式交代得清清楚楚。这一点我们从前面介绍的横渡长江、占领“总统府”的照片中已经有所了解。邹健东拍摄的土地改革的照片更为全面、系统：衣衫褴褛的讨饭老人，失去土地流落他乡的灾民；农民在斗争会上控诉地主的剥削；解放区政府给分到土地的农民发放土地证；农民手捧土地证，心里感谢共产党；农民丈量土地，把田亩牌插在分到的土地上，世世代代的梦想变成了现实；贫穷饥饿的农民分到了粮食和衣裳，大娘抱着粮、大婶拿着衣；农村姑娘买花布做新衣；男人开荒种地，妇女种瓜点豆；回民妇女读书识字；互助组的农民在田间吃饭；农村集市的热闹景象；送儿去参军，送郎上战场；翻身农民喜气洋洋，意气风发，开始新生活……事件过程由此及彼，由表及里，展现在我们面前的是一幅完整的在中国共产党领导下开展土地改革运动的生动画卷。世界是过程的集合体，事物作为过程向前发展，人类社会由一个又一个不间断的过程组成。用照片表现历史发展的过程、记录历史发展的轨迹，增强了照片的纪实作用和档案价值。

第三，捕捉记录真情的瞬间。品味邹健东的摄影作品时，我在思考，那么多的画面被载入史册，那么多的镜头深入人心，在记录中国革命斗争的过程中以情感人应该是缘由之一。

在战争年代，战士、农民的真情充溢画面：《解放区的翻身农民》（图 12）中的农民喜上眉梢，翻身做主人的喜悦心情溢于言表；《奶奶给我做新衣》（图 13）中的老奶奶喜滋滋地缝着新衣，小孙女靠在老奶奶身旁用小手扯着正在缝制的新衣角，脸上洋溢着欢喜；《大娘慈母心，护理子弟兵》（图 14）中的大娘端着热面汤，细心地用筷子喂身受重伤的战士吃饭，慈母心感动着观者；《敌人就在那里》（图 15）中的大娘对敌人的仇恨、对子弟兵的亲情尽显画面中……

在和平时期，领导人、科学家、艺术家的神情留在画面里：凝神静思的陈云（图 16），豪放风趣的陈毅（图 17），用兵如神的粟裕，秉正无私的彭德怀，优雅端庄的宋庆龄，宽厚豁达的朱德，睿智儒雅的周恩来（图 18），拥有统帅风度、领袖风采的毛泽东。

真情——不同环境下不同人物真切而实在的感情：哀情、怒情、憨情、柔情、

图 14

图 15

图 16

图 17

图 18

亲情、激情、友情……增强了照片的感染力，让瞬间揭示的本质和内涵得到最充分、最完美的展现。邹健东说："什么是美呢？据我所知，在摄影范畴内有关美的本质的探讨，到现在还是众说纷纭。但通过我个人摄影实践的感悟，认为只有当摄影工作者的思想感情同人民军队、人民群众的感情融合在一起的时候，你的眼睛才会在看起来是普普通通的寻常事物上发现动人的美。"(《摄影出版交流》)真情充溢画面，让邹健东的摄影作品不仅成为重要的纪实作品，也成为思想性与艺术性完美结合的艺术珍品。

四

我认为，邹健东在摄影事业上取得成功有以下原因。

首先，他是一名战士。摄影是一种手段，相机是一种武器，是服务不同阶级政党、表现不同思想的工具。要运用这种手段、这种武器、这种工具拍出好的照片，摄影师首先应该是一名好战士。要能够拍出表现革命斗争题材的好照片，摄影师自己必须先成为一名勇于为革命事业献身的战士。邹健东就是这样的一名战士。

邹健东说："做人就是做一名战士，而且是一名自觉的战士。"（《历史的踪影》）他投身革命之后逐步树立了为解放中华民族而奋斗的崇高思想品质和人生价值取向，以解放全中国为己任，把个人利益与人民利益、国家利益、民族利益融为一体。解放战争时期是邹健东摄影创作最为活跃的时期。他身背相机，转战南北。在鲁南战场上，炮击着火后燃烧着的汽车、油桶，火光闪闪，浓烟滚滚；在孟良崮战役中，部队夜行晓宿；在出击鲁西南时，战士扛着炸药包行进在青纱帐里；在攻击黄百韬兵团的前沿阵地上，浓烟缭绕……这些画面的获取，无一不是邹健东置生死于度外，深入战场拍摄的。作为一名战士，邹健东对人民有着深厚的感情。他说："在战争年代，我亲身体会到人民是革命的母亲。没有伟大母亲的抚育、爱护和支援，就没有革命和革命的胜利。正如陈毅同志所说，人民是我们的重生亲父母。""人民，伟大的母亲和我们的心紧紧地贴在一起。在革命战争的环境中，我背着相机，像孩子一样总想如何把伟大母亲的崇高形象摄在镜头里……"（《新闻摄影实践百例》）邹健东同志作为一名战士，既使离休了还保持着旺盛的革命斗志。花甲之年，他扛起相机走上街头，拍摄了首都人民欢庆粉碎"四人帮"；古稀之年，他扛起相机奔赴边塞，拍摄了华北军事大演习；耄耋之年，他东奔西走，征集革命历史照片，筹办展览，奋笔疾书，纵论新闻摄影改革……邹健东不为名，不为利，坚持党性原则，坚持求实精神；不畏压力，不怕打击，敢于直言，爱憎分明。他是一名忠于党，忠于人民，有着铮铮傲骨的自觉战士。

其次，他是一名对所投身的革命斗争有着深刻认识的战士。作为一名投身革命斗争的战士，他明白自己投身革命的任务是什么，目标是什么；作为一名手持相机的战士，他明白用手中的相机拍什么，镜头对准什么。这一点，邹健东同志做到了。

邹健东同志参加革命后，在党的教育和培养下逐渐成长为一名具有马列主义理论水平和无产阶级革命觉悟的战士。他以极为理性的思维和极大的干劲把镜头紧紧对准土地革命和解放战争。这种理性使他能够抓取具有典型意义的永恒瞬间。南京解放后，邹健东同志在参观“总统府”时一直在思考：统治 22 年之久的国民党政权终于被推翻了，人民胜利了，如何用照片表现中国历史上的伟大转折事件？于是他拍摄了人民解放军在“总统府”上欢呼胜利的照片，成为国民党政权覆灭的象征。如果邹健东同志没有对中国革命伟大转折时刻的理性思索、清醒认识和实际操作，记录共和国的形象历史上将出现无法弥补的空白，中国摄影史上将出现无法挽回的遗憾。此外，邹健东拍摄的渡江部队在林中宿营的照片（图 19）发人深省。画面中，宿营部队的战马在吃草。这是一张平常得不能再平常的画面，也许很多摄影工作不会在意这个画面。但邹健东同志注意到了：战马旁的树干上裹着战士们的军毯。这是宿营部队为防止战马啃咬树皮，避免缰绳勒坏树皮而采取的临时措施。看着这张照片，我很受触动，当时的解放军战士能想到爱护树木，眼光是多么深远！邹健东的眼光也同样深远，他意识到了，用相机记录下来了。这是我见到的战争年代人民解放军保护森林资源、维护生态平衡的唯一一张照片。50 年前人民解放军保护森林资源和 50 年后人类破坏森林资源的做法形成了鲜明的对比，而能够让后人形象地看到这种对比从而进行反思的是 50 年前将这一事实发现并记录下来的邹健东。由于邹健东对革命斗争有着深刻的理解，他不仅拍出了精彩的照片，还参与文字报道。1947 年，在鲁南战役中，他和文字记者合写的报道《蒋军快速纵队之歼灭》被山东《大众日报》头版大幅刊用。1948 年，他写的《许昌军民喜过春节》成为新华社总社播发的解放区过春节的第一条新闻。最近，我看到一篇邹健东撰写的《忆淮海战役的伟大胜利和粟裕建奇功》文章，从文中对淮海战役的深入介绍、分析，到对粟裕同志独到而准确的评价，我明白了邹健东能够拍出那么多蕴含深邃思想内涵的照片源于他勤于学习，勤于思考，对所投身的革命斗争有着清醒的认识和深刻的理解。

图 19

再次，他是一名深情地爱着摄影、深刻地感悟着摄影和娴熟地把握摄影技术的战士。对于一位投身革命的摄影战士，要热爱摄影，要理解摄影，要明白摄影表现思想、记录现实的特点是什么，要能够娴熟地操作手中的相机。这一点，邹健东同志也做到了。

邹健东同志对摄影有着深厚的感情，他把一生的心血都倾注在这项事业上。他是中国摄影界唯一享受红军待遇的摄影记者，他的领导、他的战友很多都是我国军队、政府部门的重要领导，凭他的资历、能力，仕途之路坦坦荡荡，但摄影是他生命中最难以割舍的。他深深地爱着摄影，不愿放弃手中的相机，背着相机投身革命是他人生最大的幸福，是他人生价值最充分的体现。对于他来说，没有比背着相机去战斗更愉快的事情了。看着他像孩子似的津津乐道地欣赏着、讲述着自己拍摄的一幅幅照片时，你绝不会感到他在“王婆卖瓜”，你能够感受到的只是他对摄影的爱、对照片的情、对他所投身革命摄影事业发自内心的赤诚的爱。这种爱使他能够更好地感悟摄影、更深地理解摄影、更多地揣摩摄影这项技术。摄影是瞬间的技术，成功与否在于摄影师对瞬间的把握，而对瞬间的把握是基于长时期的积累。对此，他的认识是深刻的：“一张好的新闻照片，绝不是偶然获得或一蹴而就的，它必然是日积月累的生活经历。无数的感性认识提高到理性认识，才会在生活的瀚海中发现那些有典型意义的题材，把它拍摄下来。用军队常用的一句话就是‘养兵千日，用兵一时’。”（《新闻摄影实践百例》）摄影是形象的艺术，成功与否还在于对形象的表现。对此，他的认识也是深刻的：“新闻摄影不但要内容真实，而且要形象真实。”（《摄影史记》）因此，他拍摄的场面让人如身临其境，他拍摄的人物有血有肉、有情有爱。摄影是一项专业的技术，成功与否最终在于对这项技术的掌握。邹健东小小年纪就在照相馆当学徒，参加新四军正式担任摄影记者后更勤于钻研摄影技术。他善于把握时机、选择角度，讲究取景、用光、构图，技术娴熟，很少失误。因此，我们今天看他拍摄于几十年前的照片，仍感觉画面是那样的讲究，那样的完美。

邹健东是一名出色的战士，一幅幅不朽的画面是他奉献于祖国、党和人民的卓著功绩。二级红星功勋荣誉章将一位战士的名字——邹健东，刻在了中国人民解放军和中国摄影事业的历史丰碑上。

（刊于 1999 年 4 月 21 日《人民摄影》）

为新中国而
战

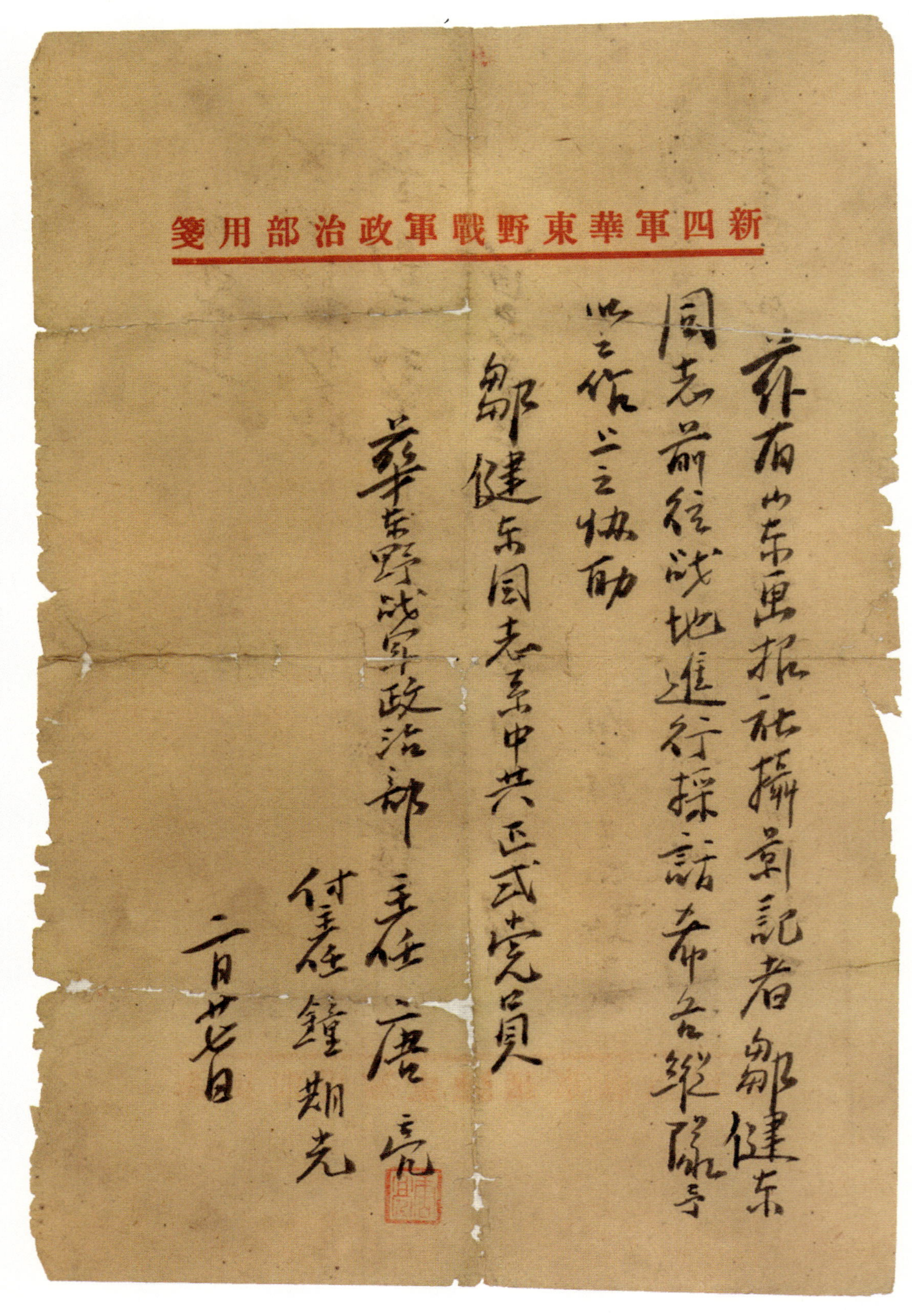

新四軍華東野戰軍政治部用箋

茲有山东画报社摄影記者鄒健东同志前往战地進行採訪希各縱隊予以工作上之協助

鄒健东同志系中共正式党員

華东野战軍政治部 主任 唐亮
付主任 鍾期光

二月廿七日

新四军华东野战军政治部为邹健东下部队采访开具的介绍信。

全心全意為人民
解放事業而戰鬥！

中共
臨時黨員證

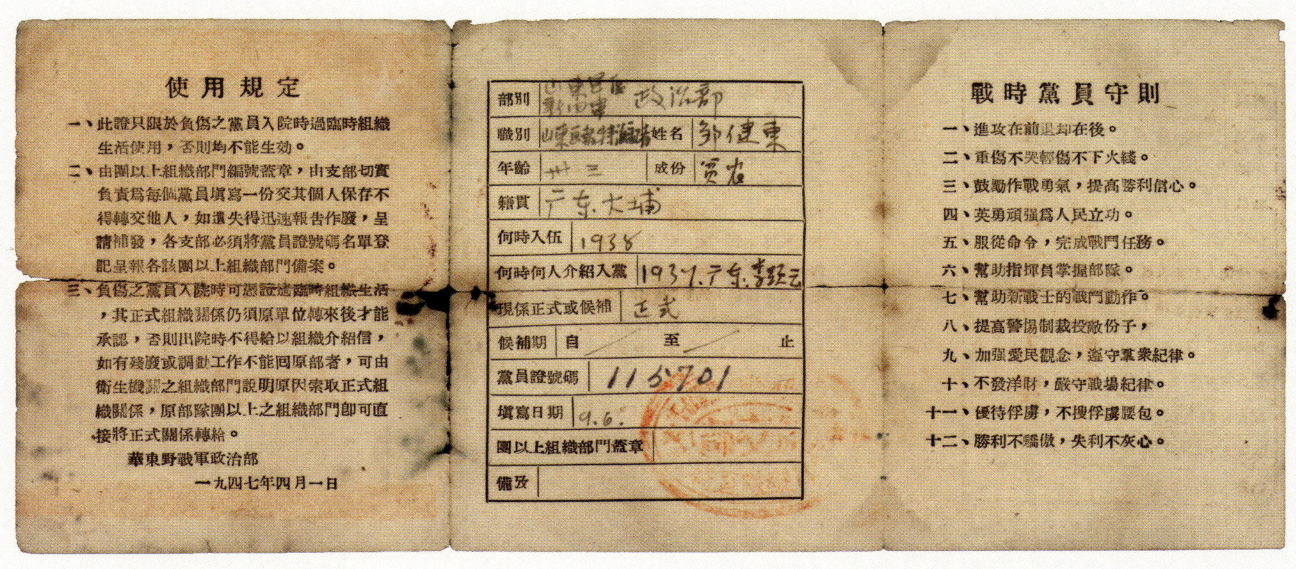

使用規定

一、此證只限於負傷之黨員入院時過臨時組織生活使用，否則均不能生効。

二、由團以上組織部門編號蓋章，由支部切實負責爲每個黨員填寫一份交其個人保存不得轉交他人，如遺失得迅速報告作廢，呈請補發，各支部必須將黨員證號碼名單登記呈報各該團以上組織部門備案。

三、負傷之黨員入院時可憑證過臨時組織生活，其正式組織關係仍須原單位轉來後才能承認，否則出院時不得給以組織介紹信，如有殘廢或調動工作不能回原部者，可由衛生機關之組織部門說明原因索取正式組織關係，原部隊團以上之組織部門即可直接將正式關係轉給。

華東野戰軍政治部

一九四七年四月一日

部別	[illegible] 政治部		
職別	[illegible]	姓名	邹健東
年齡	卅三	成份	贫农
籍貫	广东大埔		
何時入伍	1938		
何時何人介紹入黨	1937.广东.[illegible]		
現係正式或候補	正式		
候補期	自　至　止		
黨員證號碼	115701		
填寫日期	9.6.		
團以上組織部門蓋章			
備考			

戰時黨員守則

一、進攻在前退却在後。

二、重傷不哭輕傷不下火綫。

三、鼓勵作戰勇氣，提高勝利信心。

四、英勇頑强爲人民立功。

五、服從命令，完成戰鬥任務。

六、幫助指揮員掌握部隊。

七、幫助新戰士的戰鬥動作。

八、提高警惕制裁投敵份子，

九、加强愛民觀念，遵守羣衆紀律。

十、不發洋財，嚴守戰場紀律。

十一、優待俘虜，不搜俘虜腰包。

十二、勝利不驕傲，失利不灰心。

邹健东到部队采访时使用的临时党员证。

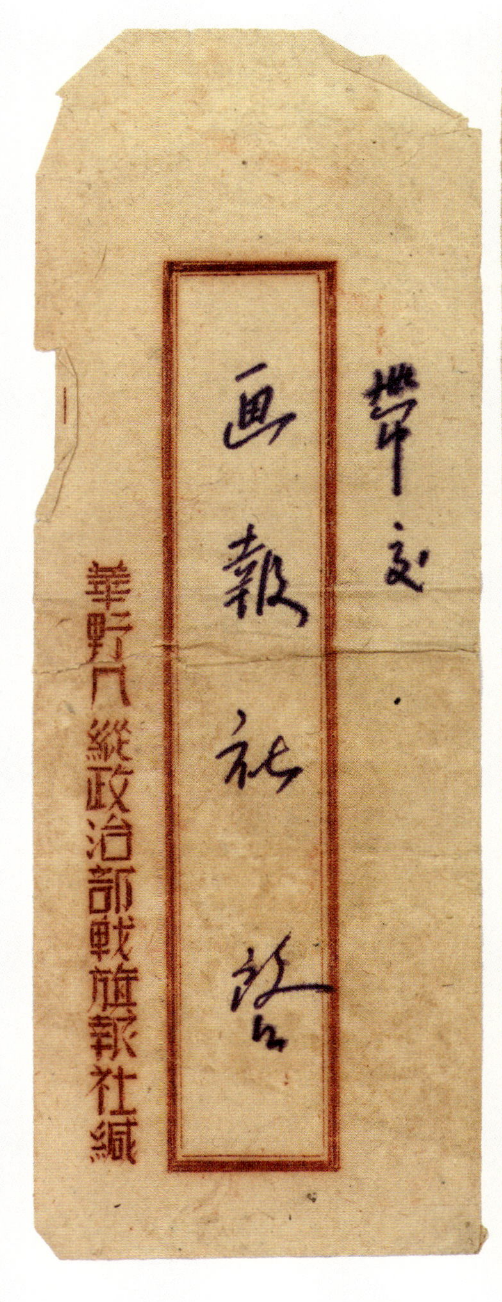

華野八縱政治部戰旗報社緘

帶交

画報社 啟

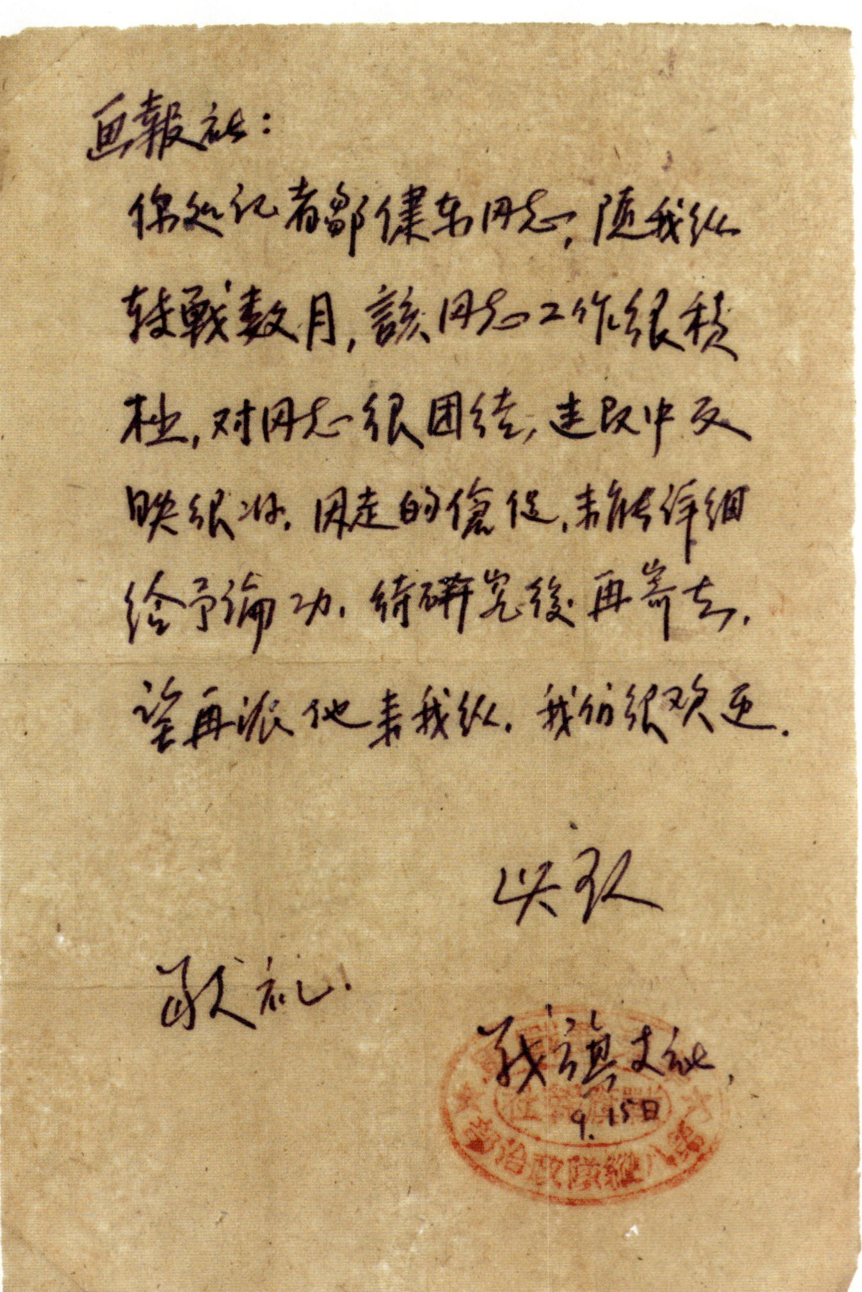

画報社：

你处记者郝傑东同志，随我纵转戰數月，該同志工作很积极，对同志很团结，连队中反映很好。因走的倉促，未能详细给予論功，待研究後再寄去。望再派他来我纵，我们很欢迎。

此致

敬礼。

戰旗支社

9.15日

华野八纵政治部写给山东画报社的回复信函。

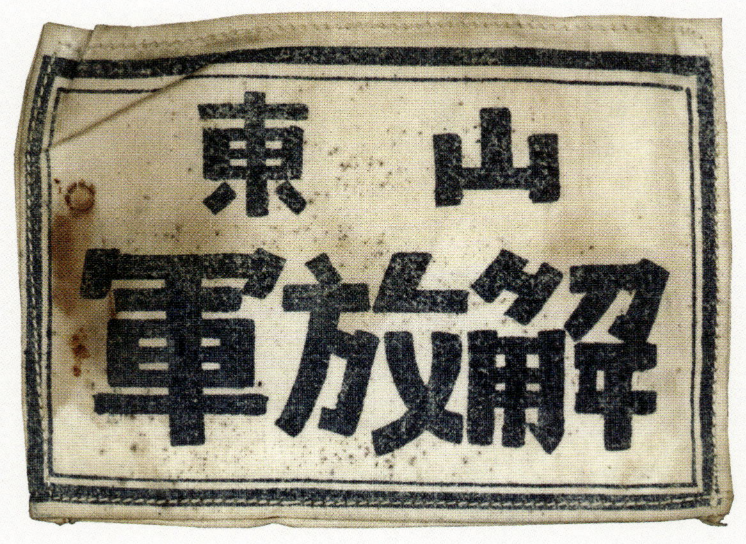

邹健东佩戴的解放军臂章。

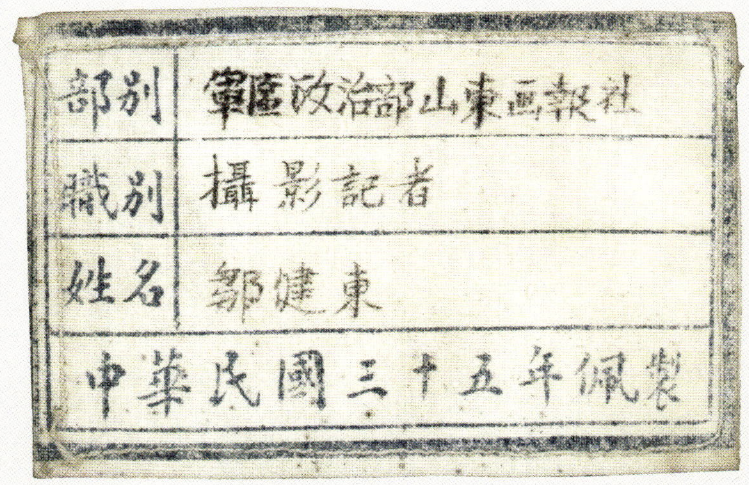

邹健东佩戴的标志章正面。

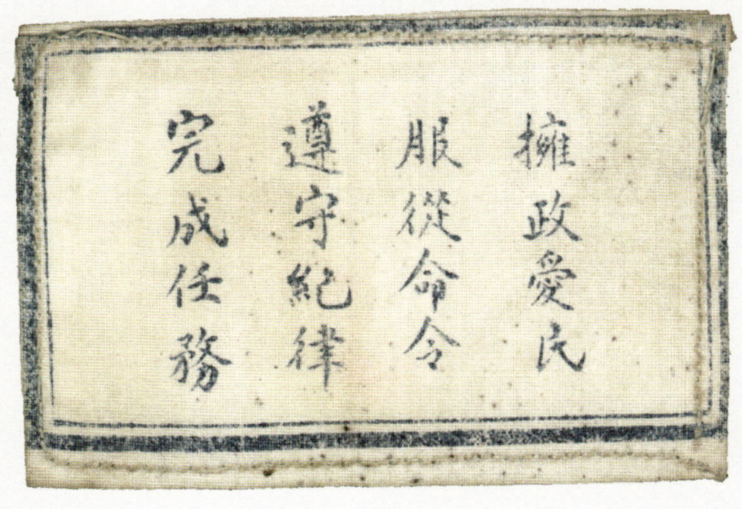

邹健东佩戴的标志章背面。

邹健东佩戴的标志章正面。

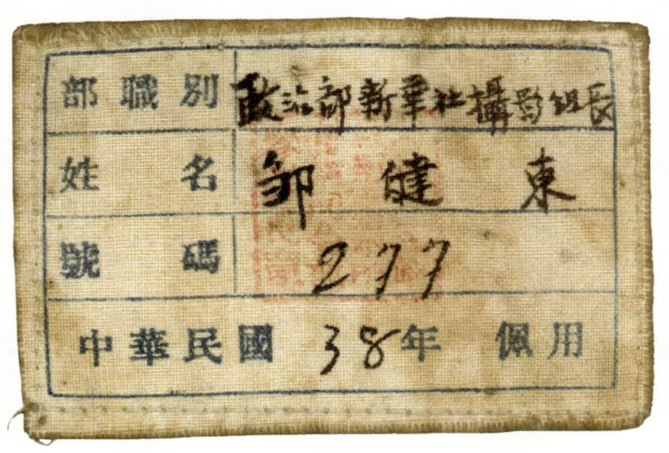

邹健东佩戴的标志章背面。

淮海战役、渡江战役时，邹健东使用的相机。

淮海战役、渡江战役时，邹健东使用的文件包。

后　记

这部《为新中国而战——邹健东华东解放战争影像实录》终于面世了。

在漫长的血与火的战争年代，战地记者邹健东用手中的武器——相机，记录了中华民族英勇顽强战胜日本侵略者和国民党反动派的珍贵历史画卷，如今更显珍贵。

在图片的选编过程中，深感邹健东的摄影作品真切感人。

每幅画面都激起了我们的思绪和遐想，它向世人展示了人民军队在抗日战争、解放战争中不畏强敌的铮铮铁骨，而对人民群众处处体贴，表现出浓浓的鱼水情深。这些画面的诠释作用胜似千言万语，使我们更加深刻地领悟“没有共产党就没有新中国”是对中国新民主主义革命历史的高度概括。

邹健东不仅向我们铺展了战争年代的壮丽画卷，在新中国成立后，他还拍摄了大量反映社会主义建设和普通劳动者与领袖人物风采的照片。

1976 年 10 月，他离休后从广东回到北京，没有停止摄影的脚步，他肩挎相机走上街头，拍摄了首都人民欢庆粉碎“四人帮”的历史画面。此后近 30 年间，他依然活跃于新闻摄影战线上，创作激情如火山喷发；花甲之年，他应组织者之邀，采访拍摄了华北军事大演习，并出版了《英雄军队的巡礼》；古稀之年，他东奔西走，筹办“华东抗日解放战争摄影展”和“情播华夏”摄影展，出版影集，书写回忆录，讴歌老首长和战友，缅怀他们的光辉历程。在北京、上海、南京、济南等地举办专题影展十多场，他事事亲为——筹款、选片、查询作者、联系出版社及展览场地，四处奔波，对于七八十岁的老人来说是超负荷的劳作。但可以看出，他为此辛苦并快乐着。

回望邹健东的一生，他是一个很专注和纯粹的人，一生只为摄影忙，没有闲情逸致，没有其他嗜好，一直沉醉在摄影世界里。

在《为新中国而战》出版之际，我们特别想感谢邹健东的老战友、老同事许必华、谢琍夫妇，他们对邹健东的许多历史照片极为了解和珍惜，最早发起为邹健东编辑出版摄影集的提议，并从照片的遴选到文章的推举，都倾注了无限的战友情意在里头。

感谢解放军画报社图片资料室，我国革命战争年代摄影工作者拍摄的底片资料主要收藏在军画报社图片资料室。在编辑《为新中国而战》的工作中，图片资料室的同志给予了大力支持。我们得以看到这么多高质量的珍贵历史照片，与资料室的同志对历史资料的保护和整理是密不可分的。

感谢北京新四军暨华中抗日根据地研究会顾问刘华苏将军，他在这部书的编辑工作中提出了很好的建议，在史实考证和文字表述上都进行了认真的核实，表现出军人务实与严谨的作风。

感谢北京新四军暨华中抗日根据地研究会名誉会长陈昊苏，他特意为《为新中国而战》撰写了序言，给本书的编辑工作以极大的支持。这也是对老一辈无产阶级革命家、无数革命先辈和先烈的纪念和缅怀。

在这里，还要特别感谢中国摄影出版社高扬社长和他的编辑团队所付出的一切努力。这部厚重的画册让为新中国而战的千千万万英雄们再度引起国人的瞩目，不要忘记这些英雄！我们今天的幸福生活是他们用英勇奋斗和流血牺牲换来的。实现中华民族的伟大复兴，今后的路还很长，需要我们一代又一代的人继续努力前行！

谨以此书献给伟大的祖国伟大的党伟大的人民军队。